POLYGLOTT

VIETNAM

ON TOUR

DER AUTOR

MARTIN H. PETRICH

lebt in Berlin und Yangon (Myanmar). Als Autor und Studienreiseleiter lässt er sich gern von der Dynamik Vietnams mitreißen. Neben den außergewöhnlichen Landschaften, geschichtsträchtigen Kulturdenkmälern und herzlichen Menschen schätzt der geborene Südbadener vor allem das feine Essen. Sein Tipp: Fisch in Karamellsoße, *cá kho ta*.

Unser E-Book-Code zur elektronischen Erweiterung des POLYGLOTT on tour. Das kostenlose E-Book enthält die im Reiseführer aufgeführten Adressen entlang der Touren, beispielsweise zu Essen und Trinken, Shoppen, Aktivitäten und Hotel-Tipps. Links auf einen externen Kartendienst vereinfachen das Auffinden dieser Adressen.

WWW.POLYGLOTT.DE

SEITENBLICK

26 Vietnam persönlich
51 Einkaufen
103 Cham
106 Essen
138 Mekong
140 Bootsfahrten

ERSTKLASSIG

29 Wandern in Vietnam
31 Wohnen im Grünen
48 Regionale Bestseller
116 Bunte Märkte
121 Selber kochen

ALLGEMEINE KARTEN

4 Übersichtskarte der Kapitel
34 Die Lage Vietnams

REGIONEN-KARTEN

60 Der Norden
88 Zentral-Vietnam
112 Der Süden und das Mekong-Delta

STADTPLÄNE

64 Hanoi
92 Hue
115 Ho-Chi-Minh-Stadt (Saigon)
118 Ho-Chi-Minh-Stadt / Cholon

6 TYPISCH

8 Vietnam ist eine Reise wert!
11 Was steckt dahinter?
12 50 Dinge, die Sie ...
159 Meine Entdeckungen
160 Checkliste Vietnam

20 REISEPLANUNG & ADRESSEN

22 Die Reiseregion im Überblick
24 Klima & Reisezeit
25 Anreise
27 Reisen im Land
29 Sport & Aktivitäten
30 Unterkunft
150 Infos von A–Z
154 Register & Impressum

32 LAND & LEUTE

34 Steckbrief
36 Geschichte im Überblick
38 Natur & Umwelt
39 Die Menschen
41 Glaubenswelten
44 Kunst, Kultur & Kunsthandwerk
46 Feste & Veranstaltungen
48 Essen & Trinken
50 Shopping
158 Mini-Dolmetscher

SYMBOLE ALLGEMEIN

Erstklassig: Besondere Tipps der Autoren

Seitenblick: Spannende Anekdoten zum Reiseziel

12 Top-Highlights und

Highlights der Destination

54 TOUREN & SEHENSWERTES

56 DER NORDEN
58 Tour ❶ Ins Herz des Roten-Fluss-Deltas
58 Tour ❷ Ins nordwestliche Bergland
59 Unterwegs im Norden

84 ZENTRAL-VIETNAM
85 Tour ❸ Über den Wolkenpass
86 Tour ❹ Die Küste entlang
87 Unterwegs in Zentral-Vietnam

108 DER SÜDEN
109 Tour ❺ Durch das fruchtbare Hochland
110 Tour ❻ Südliche Küstenimpressionen
111 Unterwegs im Süden

134 DAS MEKONG-DELTA
136 Tour ❼ Lebendige Flusslandschaften
136 Tour ❽ An den Golf von Thailand
137 Unterwegs im Mekong-Delta

146 EXTRA-TOUREN
147 Tour ❾ Höhepunkte Vietnams in zwei Wochen
148 Tour ❿ Drei Wochen Vietnam für Entdecker

TOUR-SYMBOLE

❶	Die POLYGLOTT-Touren
6	Stationen einer Tour
A1	Die Koordinate verweist auf die Platzierung in der Faltkarte
a1	Platzierung Rückseite Faltkarte

PREIS-SYMBOLE

	Hotel DZ	Restaurant
€	unter 30 EUR	unter 4 EUR
€€	30 bis 80 EUR	4 bis 10 EUR
€€€	über 80 EUR	über 10 EUR

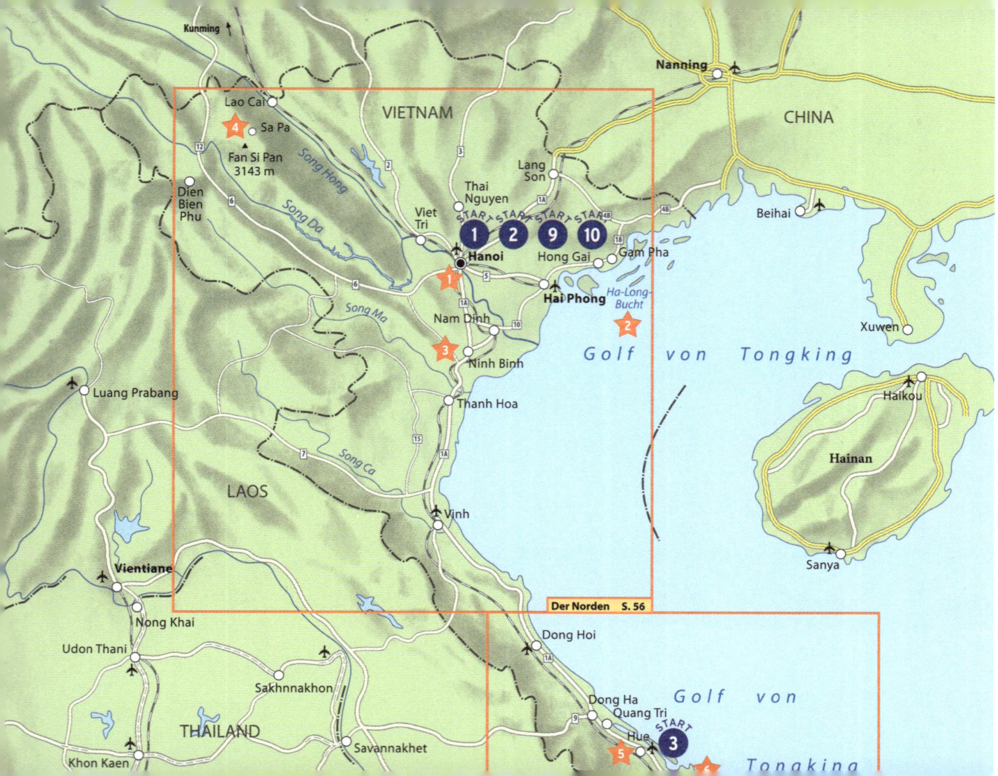

Perfekte Planung > Parallel vordere Klappe aufschlagen

TOP-12-HIGHLIGHTS

1 HANOI > S. 59
2 HA-LONG-BUCHT > S. 76
3 TROCKENE HA-LONG-BUCHT > S. 79
4 BERGPANORAMA IN SA PA > S. 83
5 HUE > S. 90
6 CHAM-MUSEUM, DA NANG > S. 98
7 HOI AN > S. 99
8 HO-CHI-MINH-STADT > S. 111
9 MUI NE > S. 125
10 NHA TRANG > S. 126
11 SCHWIMMENDE MÄRKTE IM MEKONG-DELTA > S. 141
12 PHU QUOC > S. 144

ZEICHENERKLÄRUNG DER KARTEN

- beschriebene Region (Seite=Kapitelanfang)
- 10 E h Sehenswürdigkeiten
- 4 Tourenvorschlag
- Autobahn
- Schnellstraße
- Hauptstraße
- sonstige Straßen
- Fußgängerzone
- Eisenbahn
- Staatsgrenze
- Landesgrenze
- Nationalparkgrenze

Die Landschaft in Nordvietnam ist für ihre Kalksteinformationen bekannt und zeigt sich üppig grün

TYPISCH

VIETNAM IST EINE REISE WERT!

Was für eine Erfolgsgeschichte! Viele Jahre ein Synonym für Krieg und Elend, zählt Vietnam heute zu den angesagtesten Reisedestinationen Asiens. Mit spielerischer Leichtigkeit verbindet das Land Tradition und Moderne.

MARTIN H. PETRICH
lebt in Berlin und Yangon (Myanmar). Als Autor und Studienreiseleiter lässt er sich gern von der Dynamik Vietnams mitreißen. Neben den außergewöhnlichen Landschaften, geschichtsträchtigen Kulturdenkmälern und herzlichen Menschen schätzt der geborene Südbadener vor allem das feine Essen. Sein Tipp: Fisch in Karamellsoße, *cá kho ta*.

Ho-Chi-Minh-Stadt, früh am Morgen. Alle Bewohner scheinen schon auf den Beinen zu sein – oder besser gesagt auf den Zweirädern, denn ein endloser Strom von Mopeds bewegt sich durch die engen Straßen und prachtvollen Boulevards. Eine Familie im Viererpack ist ebenso unterwegs wie der Händler mit einem Stapel Kartons, der auf der Rückbank bedenklich wackelt. Mit Mundschutz und langen Handschuhen gegen Sonne und Staub gewappnet steuert auch eine zierliche Schöne zielstrebig durch das Gewusel. Wie soll da einer nur die Straße überqueren, wo Hupen die Bremse zu ersetzen scheinen? Doch ganz gemächlichen Schrittes, ohne hektisches Rennen oder abrupten Halt, gelangt man heil nach drüben. Dort an einem Straßenstrand für ein paar Tausend Dong eine leckere Reisnudelsuppe geschlürft – und der Tag kann beginnen.

Winkende Kinder, lächelnde Omas und kichernde Teenager – mit einem herzlichen *xin chào*, »Hallo«, ist man mit Einheimischen schnell in Kontakt. Die Offenherzigkeit der Menschen beeindruckt mich immer wieder angesichts der von Kriegen und Invasionen geprägten Geschichte. Wie hat sich dieses südostasiatische Land verändert seit meinem Studienaufenthalt Anfang der 1990er-Jahre. Mit guten Restaurants rar bestückt, die Straßen eine Ansammlung von Schlaglöchern und Hotels mit sozialistischem Charme und schläfrigem Service, erwies sich das Reisen alles andere als ein Spaziergang. Aber schon damals war klar, welches Potenzial in diesem Land steckt. Mit ihrem für Vietnam so typischen Pragmatismus, gepaart mit harter Arbeit, ergriffen die Menschen jede Möglichkeit. Wer nur ein paar Brocken Englisch konnte oder im damaligen sozialistischen Bruderstaat DDR ein paar Jahre Deutsch studiert hatte, suchte den Kontakt mit den seinerzeit noch wenigen Ausländern. Und so entstand schon bald eine beeindruckende touristische Infrastruktur. Kleine Garküchen avancierten zu netten Restaurants und einfache Unterkünfte zu stilvollen Gästehäusern. Je nach Dicke des Geldbeutels finden die Besucher heute zwischen supergünstig und sündhaft teuer eine gewaltige Auswahl an touristischen Einrichtungen vor. Hinsichtlich des Preis-Leistungs-Verhältnisses ist Vietnam eine der attraktivsten Destinationen Asiens.

Attraktiv ist das Land auch aufgrund seiner landschaftlichen Vielfalt. Wie schön sind die Berge mit ihren tiefgrünen Reisterrassen und bunt gekleideten Volksgruppen, wie eindrucksvoll die weiten Ebenen des Roten-Fluss- und Mekong-Deltas, wo kein Flecken wirtschaftlich ungenutzt bleibt. Und wie spannend sind die beiden Metropolen, die sich wie ungleiche Geschwister gebärden: Hanoi, die ehrwürdige Alte, die mit tausend Jahren Geschichte auf dem Buckel noch ziemlich rüstig und geschäftig, zuweilen etwas sozialistisch streng daher kommt. Ho-Chi-Minh-Stadt hingegen, die sich eher wie eine frivole Miss Saigon benimmt und das Leben in vollen Zügen zu genießen scheint.

»Gibt es noch große Mentalitätsunterschiede zwischen Nord und Süd?«, werde ich oft gefragt. Ein Vergleich bringt es auf den Punkt: Gibst Du einem

Bald ist der Reis ein wenig größer, dann erstrahlt die ganze Landschaft in leuchtendem Grün

Nordvietnamesen einen Fisch, so verkauft er ihn und spart das Geld für schlechte Zeiten. Südvietnamesen hingegen werden mit ihm ein Mahl bereiten und Freunde einladen. Kältewellen, Taifune, Überschwemmungen – die Natur meint es nicht immer freundlich mit dem Norden, weshalb die Menschen dort eher genügsam aufwachsen. Im tropischen Süden hingegen, mit fruchtbaren Böden und zahlreichen Flüssen, lässt es sich leichter leben. Apropos Klima: Das zeigt sich in diesem langgestreckten Land ebenfalls ziemlich unterschiedlich. Wer im europäischen Winter Vietnam bereist, kommt im Süden schnell ins Schwitzen und im Norden nicht selten zum Frieren. Vietnam ist eben in jeglicher Hinsicht vielseitig. So kann jeder Gast nach seiner Fasson glücklich werden: der feingeistige Kulturreisende ebenso wie der bodenständige Wanderer, der Liebhaber asiatischer Küche ebenso wie der sparsame Rucksacktourist. Freuen Sie sich auf ein spannendes Reiseziel, genießen Sie mit all Ihren Sinnen Vietnams viele Facetten und lassen Sie sich anstecken von seiner unglaublichen Dynamik.

Zu jeder Mahlzeit gehören viele Kräuter, wie sie hier auf dem Markt verkauft werden

WAS STECKT DAHINTER?

Die kleinen Geheimnisse sind oftmals die spannendsten. Hier werden die Geschichten hinter den Kulissen erzählt.

WARUM TRAGEN VIETNAMESINNEN ATEMSCHUTZ UND HANDSCHUHE?

Frauen hüllen Hände und Arme beim Mopedfahren auch bei heißem Wetter gern in bis zum Ellenbogen reichende Handschuhe, farblich zu ihren Kleidern passend. Das Outfit wird durch eine bunte, fast das gesamte Gesicht bedeckende Atemmaske abgerundet. Denn modisch betrachtet gibt es für die Vietnamesin keinen größeren Fauxpas als sonnengebräunte Haut. Und dies gilt ebenso für die schicke Städterin wie für die Reisbäuerin vom Land, die ihr Gesicht tief unter dem konischen Hut verbirgt.

ESSEN VIETNAMESEN WIRKLICH SO GERN HUNDE?

Nicht alle. Das ist eine Spezialität im Landesnorden. Vor allem an kühlen Tagen lieben sie dort *thit cho,* das wärmende Fleisch der gezüchteten Vierbeiner. Es wird nur in Spezialitätenlokalen angeboten und traditionell in den letzten beiden Wochen des jeweiligen Mondmonats gegessen. Die Hunde kommen entweder gebraten, gekocht oder in Spanferkelform auf den Tisch. Nicht fehlen darf der Reisschnaps dazu. Der auch in Vietnam beliebte Schoßhund indes muss keine Angst haben, im Kochtopf zu landen. Er gilt wie bei uns als des Menschen bester Freund.

WARUM STREICHELN VIETNAMESEN GERN DICKE BÄUCHE?

Wie in China gilt auch in Vietnam der füllige Bauch als Zeichen des Wohlstands und der Zufriedenheit. Kommt nun ein beleibter Tourist daher, kann es gut sein, dass ihm Einheimische kichernd den Bauch streicheln. Denn das soll Glück bringen. Auch in der Religion sind füllige Gottheiten zu finden, allen voran der glatzköpfige Dickbauch-Buddha *Di Lac,* der fröhlich lachend auf dem Altar thront.

WARUM HABEN VIETNAMESISCHE KALENDER IMMER ZWEI DATEN?

Mindestens ein Abreißkalender gehört ins Haus. Und der ist ziemlich kompliziert, denn er zeigt nicht nur das Datum des gregorianischen Kalenders an, sondern auch den Tag des Mondmonats, der wiederum mit den zwölf Tierkreiszeichen korrespondiert. Auch der chinesische 60er-Zyklus, der die zwölf Tierkreiszeichen mit den fünf Elementen (Holz, Feuer, Erde, Metall, Wasser) verknüpft, spielt eine wichtige Rolle. Und warum das alles? Kein Vietnamese will zum falschen Zeitpunkt am falschen Ort sein oder das Falsche tun. Und dazu ist ein Kennerblick auf den Kalender vonnöten.

50 DINGE, DIE SIE ...

Hier wird entdeckt, probiert, gestaunt, Urlaubserinnerungen werden gesammelt und Fettnäpfe clever umgangen. Diese Tipps machen Lust auf mehr und lassen Sie die ganz typischen Seiten erleben. Viel Spaß dabei!

... ERLEBEN SOLLTEN

1 Durch Hanois Gassengewirr Ein Tag in Hanois Altstadt › S. 63: Kosten Sie die Leckereien an den Essensständen in der Cau Go, stöbern Sie in den Boutiquen an der Hang Gai und entspannen Sie im Le Pub in der Hang Be.

2 Radeln zwischen Karstbergen Vorbei an badenden Wasserbüffeln, tiefgrünen Reisfeldern und verwitterten Kalksteinhügeln führt die Fahrradtour durch die skulpturale Landschaft der Trockenen Ha-Long-Bucht › S. 79.

In Hanois Altstadtgassen

3 Schönheiten im Park Der Cat-Tien-Nationalpark › S. 133 birgt noch Reste ursprünglichen Regenwaldes. Bei einer Wanderung auf dem Bang Lang Trail können Sie sich an den lila blühenden Lagerstroemia-Bäumen erfreuen.

4 Auf Augenhöhe mit den Bergvölkern Die Organisation Sapa O'Chau › S. 83 widmet sich der Ausbildung von Jugendlichen aus Bergvölkern und arrangiert individuell mehrtägige Wanderungen durch die traumhaft schöne Landschaft rund um Sa Pa. Übernachtet wird ganz privat bei Hmong-Familien.

5 Binh-Tay-Markt in Cholon Testen Sie Ihr Verhandlungstalent im Binh-Tay-Markt › S. 117. Taschen und Hüte, Wäsche und Stoffe, kunstvollste Lotusgestecke oder zu bunten Pyramiden aufgetürmte Gewürze und unzählige Arten getrockneter Fisch sind im Angebot.

6 Küchengeheimnisse Spielen Sie Koch und kreieren Sie typisch vietnamesische Gerichte, etwa das Nationalgericht *pho*, Reisnudelsuppe mit Rindfleisch. Eine gute Adresse ist das Orchid Cooking Class & Restaurant d3 (25 Hang Bac, Hanoi, www.cookingclass.vn).

Wer im Cat-Tien-Nationalpark übernachtet, kann die Morgenstimmung erleben

7 Rundfahrt mit Rundkorb Balancetest XXL in einem vietnamesischen Korbboot > S. 128: Hoi An Eco Travel F7 (hoianecotravel.com) arrangiert Probefahrten für Touristen für US $ 45 pro Person.

8 Dschungeltouren und Tropfsteinhöhlen Besonders spannend sind Erkundungen rund um die Tu-Lan-Höhlen > S. 88 mit Schwimmpassagen in voller Montur und nächtlichem Dschungelcamp mit Hängematten (www.oxalis.com.vn).

9 Surfen am China Beach Dank steifer Brisen ist der China Beach > S. 99 der perfekte Ort für Wellenreiter. Equipment gibt's bei Gunnar & Thom's Surfboard Rental (An Thuong 4/30, My An, Mobil-Tel. 091/430 10 72).

10 Schnorcheln vor Hoi An Zwar sieht man an manchen Tagen mehr Meeresgetier gegrillt auf dem Teller als quicklebendig unter Wasser, trotzdem lohnt sich ein Schnorchel- oder Tauchausflug nach Cù Lao Chàm, der einzigen bewohnten Insel des kleinen Cham-Archipels vor der Küste von Hoi An > S. 104.

… PROBIEREN SOLLTEN

11 Glück in Rollen Salatblätter, Reisnudeln, Garnelen, Huhn oder Schweinefleisch sowie frischer Koriander im Wrap aus hauchfeinem Reispapier: Glücksrollen muss man einfach mögen, vor allem selbstgewickelte, z. B. in der Saigon Cooking Class by Hoa Tuc > S. 121.

Zwischendurch ein *cao lau*

12 Cao Lau Eine wunderbare Mahlzeit für zwischendurch: *cao lau,* dicke Reisnudeln in Brühe mit Schweinefleisch, Croutons, Sojasprossen und frischen Kräutern. Besonders lecker im Ho Lo Restaurant F7 (20 Tran Cao Van, Hoi An).

13 Wein in Da Lat *Vang Da Lat,* lokal produzierter Rot- und Weißwein › S. 132, ist erstaunlich gut. Probieren? Bei der Dalat Wine Company am Hoa Binh Square.

14 Seafood am Strand Nackte Füße im Sand und Blick aufs Meer: Die Restaurants am Cua-Dai-Strand bei Hoi An › S. 101 sind eine tolle Location für frischen Fisch.

15 Vegetarisches Wer weder Fleisch noch Fisch mag, sollte nach *com chay* fragen. Gerichte wie *canh chua chay,* eine im Süden beliebte Gemüsesuppe, finden Sie im Lokal auf dem Gelände der Long-Son-Pagode in Nha Trang › S. 127.

16 Drachenfrüchte aus dem Drachenfluss Drachenaugen *(nhan)* und Drachenfrucht *(thanh long)* gedeihen in Cuu Long, dem »Fluss der neun Drachen«, wie das Mekong-Delta in Vietnam heißt, üppiger als anderswo und sind auf jedem Markt erhältlich.

17 Kaffee aus dem Dickdarm Nicht nur Vietnamesen lieben Kaffee, sondern auch die Schleichkatzen im Hochland. Sie geben der schwarzen Bohne nach dem Verzehr eine ganz besondere Duftnote. Fragen Sie auf dem Markt von Da Lat › S. 132 nach *ca phe chon.*

18 Fischsoße aus Phu Quoc Ihre Nase mag von dem Geruch nicht so begeistert sein, aber die Fischsoße *nuoc mam* gehört zum vietnamesischen Essen einfach dazu. Die beste stammt aus Phu Quoc, wo sie auf dem Markt erhältlich ist. › S. 144.

19 Die perfekte Nudel Des Autors Liebling unter den vielen Reisnudelarten ist *bún,* die gaumenweiche Variante, welche etwa zum Fisch *(cha ca)* oder Fleisch *(bun cha)* oder als Suppe *(bun bo hue)* bestens mundet. Besonders lecker im Bun Bo Nam Bo › S. 72 in Hanoi.

20 Teeprobe Wenn es um Tee geht, dann ist Hatvala c3 eine gute Adresse. Denn hier bekommen Sie nicht nur eine gute Auswahl, sondern können auch gleich probieren. Der Tee kommt von kleinen Hochland-Plantagen (52 Le Thanh Ton, Dist. 1, Ho-Chi-Minh-Stadt, www.hatvala.com).

... BESTAUNEN SOLLTEN

21 Hip im Himmel In der angesagten Chill Sky Bar › S. 123 treffen sich Ho-Chi-Minh-Stadts Schöne zum Chillen, während die flotte DJane heiße Beats in den Himmel jagt und weit unten auf der Erde die Mopedfahrer sich ins niemals stillstehende Verkehrsgetümmel stürzen.

22 Entspannt auf dem Parfümfluss Auf den Plastikstühlen sitzt man nicht unbedingt bequem, dafür erleben Sie auf der Flussfahrt mit dem Drachenboot die Königsstadt Hue › S. 90 von ihrer entspannten Seite.

23 Gegrilltes für die Göttin Beim Anblick der vielen Spanferkel auf dem Altartisch läuft so manchem das Wasser im Mund zusammen. Sie sind Opfergaben für die Göttin Ba Chua Xu am Fuße des Nui-Sam-Berges › S. 142 bei Chau Doc.

24 Verträumtes Dorf In Duong Lam › S. 73 scheint die Zeit stehengeblieben zu sein. Urige Häuser, altertümliche Tempel und schmale Gassen verströmen eine entspannte Atmosphäre. Möglicherweise werden Sie sogar zu einer Tasse Tee bei einem der Dorfbewohner eingeladen.

25 Ein Hauch Sahara Im Osten der Halbinsel Mui Ne › S. 125 unweit der Hafenstadt Phan Thiet zaubern die berühmten Sanddünen eine Atmosphäre wie in der Wüste. Ruhig und stimmungsvoll ist es vor allem am frühen Morgen.

In den roten Dünen von Mui Ne

26 Wasserbüffel im Reisfeld Die 300 km lange, recht serpentinenreiche Fahrt von Dien Bien Phu nach Sa Pa › S. 82 führt durch ein herrliches Bergland mit tollen Ausblicken. Nicht unwahrscheinlich, dass Ihnen dabei ein vietnamesischer BMW, Bauer mit Wasserbüffel, entgegenkommt.

27 Vietnamesische Frauenpower Von wegen schwaches Geschlecht! Das Frauenmuseum › S. 69 in Hanoi präsentiert Heldinnen des Alltags ebenso wie Heroinen der Geschichte. Besonders schön sind die lebensechten Figuren der Hmong-Minderheiten.

28 Königlicher Kitsch Khai Dinh, einer der letzten Monarchen von Hue, besuchte 1922 Frankreich. Die Pracht von Versailles und Co. beeindruckte ihn ganz offensichtlich, denn zurück in Vietnam ließ er den An-Dinh-Palais › S. 93 errichten, der mit seinen Stuckarbeiten, blumigen Wandbemalungen und Ölbildern wie ein architektonischer Gruß der Grande Nation wirkt.

Ob gewebt oder genäht – Mode und Accessoires Made in Vietnam sorgen zu Hause für Aufsehen

29 **Heiter und entrückt** Sie grinsen, kratzen sich den Rücken oder schauen entrückt – die 18 Erleuchteten zählen zu den bemerkenswertesten Figuren auf den Altären der Chua Tay Phuong › S. 74.

30 **Wo der Pfeffer wächst** Auf der Pepper Farm Phu Quoc B13 beim Dorf Xom Moi können Sie sich eine Pfefferplantage anschauen, dort essen, Pfeffer einkaufen und sogar übernachten (Phu Quoc Countryside Farmstay, Tel. 0297/662 22 28, phuquoccountryside@gmail.com).

... MIT NACH HAUSE NEHMEN SOLLTEN

31 **Poetische Hüte** *Non bai tho,* Poetische Hüte, heißen die konischen Kopfbedeckungen aus Hue nicht von ungefähr: Auf ihren Innenseiten sind Bilder gemalt, die erst sichtbar werden, wenn man den Hut gegen die Sonne hält › S. 51.

32 **Mode Made in Vietnam** Ein Kleid im Ethno-Stil von Vietnams Top-Designerin Minh Hanh macht sich auch in Europa gut. Fündig werden Sie garantiert im Vietnam Designers House › S. 53.

33 **Onkel Ho in Taschengröße** Ob als Büste, Postkarte oder Bild – Vietnams berühmter Unabhängigkeitsheld darf natürlich an keinem Souvenirstand fehlen. Vor allem rund um das Ho-Chi-Minh-Mausoleum › S. 68 in Hanoi ist der Gründer der Kommunistischen Partei ziemlich käuflich.

34 **Handgewebtes** In Sachen Webarbeiten scheint die Kreativität der Bergvölker keine Grenzen zu kennen. Als Tasche, Rock oder Tischläufer sind sie auch in heimischen Gefilden eine Zierde. Eine große Auswahl finden Sie in der Markthalle in Sa Pa › S. 83.

35 **Marmor, Stein und Eisen bricht** Es muss ja nicht gleich ein Grabstein oder Riesenbuddha sein. In den riesigen Verkaufshallen am Fuß der Marmorberge › S. 99 finden Sie auch kleinere steinerne Mitbringsel.

36 Souvenirs fürs gute Gewissen Viele Initiativen bemühen sich darum, Menschen mit körperlichen Behinderungen oder aus zerbrochenen Familien eine wirtschaftliche Perspektive zu geben. Wenn Sie eine der Taschen aus dem Reaching Out Arts and Craft > S. 102 in Hoi An kaufen, haben Sie eine schöne Erinnerung – und etwas Gutes getan.

37 Mister und Miss Vietnam Im maßgeschneiderten *Ao Dai* sind Sie beim nächsten Kostümball der Star. The Tailory F7 oder andere Schneider in Hoi An erledigen die Arbeit über Nacht (The Tailory, 52 Tran Hung Dao).

38 Postkarten als Kunstwerk Ihre Freunde und Verwandten freuen sich über eine handgearbeitete Postkarte, zu kaufen bei Straßenhändlern in Ho-Chi-Minh-Stadts Flaniermeile Dong Khoi > S. 113.

39 Fair und regional erzeugt Vietnam produziert wirklich guten Kaffee und Tee. Premiumqualität aus heimischer und fairer Produktion hat Oriberry Coffee D3. Nach Hause mitgebracht zaubert das wohlschmeckende Urlaubserinnerungen in die Tasse (25 Xuan Dieu, Tây Hồ Hanoi, www.oriberry.com).

40 Balsam für die Seele Bei Kopfweh, einem verspannten Nacken oder Übelkeit verschafft *Bach Ho*, der weiße Tiger, Ihnen Linderung. Die Döschen mit dem wohlriechenden Tigerbalsam gibt es etwa in der Hai Thuong Lang On in Cholon zu kaufen > S. 118.

Handtuchschmale Häuser und beladene Mopeds prägen das Bild von Vietnam

... BLEIBEN LASSEN SOLLTEN

41 Berührungen Sei es das Haupt eines Kindes, der Arm einer fremden Frau, aber auch der Hausaltar – mit Berührungen sollten Sie sehr zurückhaltend sein und soziale und religiöse Tabus respektieren.

42 Brüllend beschweren So sehr Sie sich im Recht fühlen mögen: Mit lautstarken Protesten bei fehlenden oder mangelhaften Serviceleistungen verlieren Sie nur Ihr Gesicht.

43 Barbusig am Strand Vietnam mag nicht mehr so prüde sein wie einst, aber sich oben ohne in der Sonne zu fläzen, sollte frau unbedingt sein lassen.

44 Porträts ohne Zustimmung In Zeiten von Smartphones und Digitalkameras fotografieren auch die Vietnamesen, was das Zeug hält. Trotzdem – vor allem bei den Bergvölkern – fragen Sie bitte bei Menschenporträts um Erlaubnis.

45 Reisschnaps mit Schlange In Reisschnaps eingelegte Tiere und Kräuter sollen das Leben verlängern und die Potenz stärken ... Die Vietnamesen lieben die Flaschen mit tierischem Inhalt als Mitbringsel, Ihr heimischer Zoll weniger.

46 Halbnackt in den Tempel Ein Tempel ist kein Laufsteg. Kurze Hosen, Miniröcke, Hotpants oder ärmellose T-Shirts haben an religiösen Orten nichts zu suchen.

Kleiner Hmong in typischer Kleidung

47 Korallen als Souvenirs Leider sind Muscheln und Korallen an den Souvenirständen in Strandnähe noch allgegenwärtig. Bitte verzichten Sie, zum Schutz der Natur.

48 Beschuht ins Privathaus Es kann sein, dass Sie von einer netten Familie in ihr Haus eingeladen werden. Dann tun Sie gut daran, vor Eintritt Ihre Schuhe auszuziehen.

49 Mopedfahren ohne Helm Auch wenn das Freiheitsgefühl auf der Honda noch so groß ist, man sollte nicht versucht sein, sich ohne Helm ins Verkehrsabenteuer zu wagen.

50 Einzelrechnungen In Vietnam zahlt in Lokalen und Restaurants immer einer für alle. Wer in größeren Gruppen isst, kann ja die Einzelposten im Nachhinein unter den Beteiligten aufteilen.

Schwimmender Markt bei Cai Be im Mekong-Delta

REISEPLANUNG & ADRESSEN

DIE REISEREGION IM ÜBERBLICK

Ob Kulturtrip oder Badeurlaub, Bergtour oder Städtereise – Vietnam ist ein vielseitiges Reiseziel.

Entlang der über 3200 km langen Küste laden zahlreiche Strände und Buchten zur Erholung ein. In den Bergen und auf dem Hochland lassen sich schöne Wanderungen unternehmen und interessante Volksgruppen kennenlernen; in den Städten können Sie sich dem Shoppen hingeben und auf historische Spurensuche begeben, und die beiden Delta-Gebiete wiederum beeindrucken durch ihre in Jahrhunderten geformten Kulturlandschaften. Der Krieg ist lange passé und anstelle von Marx regiert der Markt.

Um einen Gesamteindruck zu bekommen, sollten Sie das Land von Nord nach Süd (oder umgekehrt) bereisen. Am besten wählen Sie in diesem Fall einen Gabelflug. Sie landen in Hanoi und verlassen Vietnam von Ho-Chi-Minh-Stadt aus.

Die Metropole Hanoi ist mit ihren vielen Sehenswürdigkeiten eine gute Ausgangsbasis für Touren im **Norden,** seien es Tagesausflüge zu interessanten Handwerksdörfern in der Umgebung, eine Bootsfahrt durch die Ha-Long-Bucht oder eine Entdeckungsreise ins Delta des Roten Flusses. Weite-

BADESPASS DAS GANZE JAHR

Urlaub unter Palmen ist in Vietnam ein ganzjähriges Vergnügen. Zwischen November und März herrschen hervorragende Badeverhältnisse im südlichen Landesteil. Touristisch erschlossene Strände gibt es rund um Nha Trang, auf der Halbinsel Mui Ne bei Phan Thiet und auf der Insel Phu Quoc im Golf von Thailand. Nha Trang beglückt seine Besucher mit 300 Sonnentagen und ist das Richtige für Wassersportler und Partygänger. Es gibt Hotels in allen Preisklassen, die jedoch mehrheitlich nicht direkt am Strand liegen. Auf der Halbinsel Mui Ne reihen sich unzählige Resorts entlang eines schmalen Strandes. Es gibt gute Wassersportmöglichkeiten. Phu Quoc besitzt einige der schönsten Strände des Landes und soll zum zweiten Phuket ausgebaut werden. Von April bis Oktober bietet sich der gesamte Küstenverlauf im Norden und Zentrum zum Baden an. Ob Ha-Long-Bucht, Cat Ba, Dong Hoi, China Beach bei Da Nang, Cua Dai bei Hoi An oder Qui Nhon – überall erwarten Sie schöne Strände, gute Hotels und angenehme Wassertemperaturen. An der Küste zwischen Da Nang und Hoi An wird kräftig gebaut, allerdings vorwiegend im hochpreisigen Segment. Der goldgelbe, aber palmenarme Strand ist schön und breit. Bei Qui Nhon locken einige lauschige Buchten, die Hotelauswahl ist hier jedoch begrenzt.

O Quan Chuong, das einzig erhaltene Stadtor in Hanois Altstadt

re Bilderbuchlandschaften erwarten Besucher in der Trockenen Ha-Long-Bucht bei Ninh Binh und im Cuc-Phuong-Nationalpark. Zudem kann man von der Hauptstadt aus im Rahmen einer Rundtour über Dien Bien Phu und Sa Pa die Bergwelt erkunden und einen Einblick in das Leben der Minderheiten bekommen.

Das schmale **Zentrum** Vietnams punktet mit einer wunderbaren Mischung aus Strand, Natur und Kultur. Hier liegen gleich vier der großen UNESCO-Welterbestätten: der Phong-Nha-Ke-Bang-Nationalpark bei Dong Hoi mit fantastischen Tropfsteinhöhlen und einer unberührten Karstlandschaft, Hue mit zahlreichen Zeugnissen der letzten Könige, My Son, die alte Tempelstätte der Cham, und Hoi An, einst bedeutende Hafenstadt und heute ein Einkaufsmekka. Darüber hinaus lässt es sich an den Stränden bei Da Nang, Hoi An und Qui Nhon wunderbar entspannen.

Der **Süden** zeigt sich zwischen Nha Trang und dem Mekong-Delta tropisch freundlich. So liegt es nahe, sich ein paar Tage am Strand auf die faule Haut zu legen, etwa in Mui Ne bei Phan Thiet. Dies ist auch sinnvoll, denn einmal in Ho-Chi-Minh-Stadt angelangt, dieser chaotisch-quirligen Megacity im tiefen Süden, zehren Klima, Verkehr und Menschenmassen ganz schön an den Kräften. Kühlere Gemüter können nach Da Lat ins Zentrale Hochland ausweichen.

Nicht fehlen sollte ein Ausflug ins **Mekong-Delta**. Dieses gewaltige Labyrinth aus Flussarmen und Kanälen kann man problemlos über mehrere Tage auf Bootsfahrten erkunden. Gute Ausgangspunkte sind My Tho, Vinh Long, Can Tho und Chau Doc. Nur eine Flugstunde von Ho-Chi-Minh-Stadt entfernt bietet sich die Insel Phu Quoc zum abschließenden Nichtstun an.

KLIMA & REISEZEIT

Da das Wetter je nach Region und Jahreszeit sehr unterschiedlich ist und das Land sich über verschiedene Klimaregionen erstreckt, kann kein Monat als beste Reisezeit für ganz Vietnam empfohlen werden.

Das Land liegt unter dem Einflussbereich von zwei Monsunen: dem **Südwestmonsun** (Mai–Okt.) und dem **Nordostmonsun** (Okt.–April). Zudem teilt sich Vietnam am Wolkenpass bei Da Nang in einen subtropischen Bereich im Norden und einen tropischen im Süden.

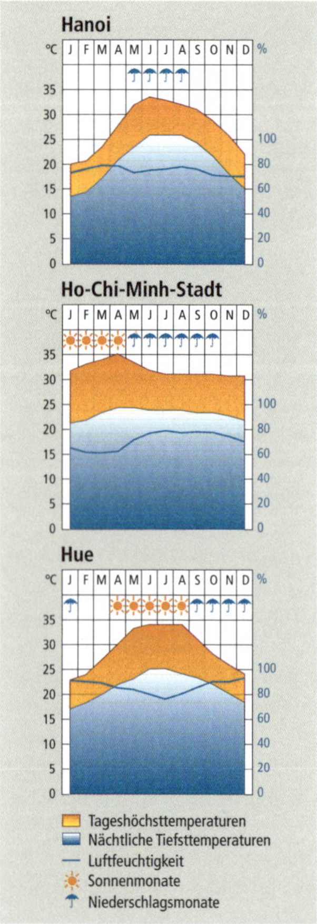

Im **Norden** kann die Quecksilbersäule zwischen Juni und August bei hoher Luftfeuchtigkeit auf über 35 °C steigen, während sie in klaren Nächten im Dezember und Januar oft um 10 °C, in den Bergen sogar um den Gefrierpunkt liegt. Regenschauer sind das ganze Jahr über möglich, von Juli bis September sind auch Taifune nicht selten. Unangenehm sind die frischen, oft tagelang anhaltenden Nieselregen im Februar und März. Die besten Reisemonate in dieser Region sind der Oktober und der November.

Zentral-Vietnam gliedert sich klimatisch in die nördliche und die südliche Küstenregion sowie das Zentrale Hochland. Im nördlichen Küstenbereich fallen von August bis Januar ausgiebige Niederschläge. Im November und Dezember fegen zudem regelmäßig Taifune über den schmalen Landstrich. Die trockensten Monate sind Mai bis August, was auch für den südlichen Küstenabschnitt gilt. Dort bringt der Nordostmonsun zwischen Oktober und Januar zuweilen heftige Niederschläge. Auch Taifune können sich hierher verirren. Am angenehmsten ist das erste Quartal.

Das Wetter im **Zentralen Hochland** zeigt sich launisch. Ausläufer des Südwest- und des Nordostmonsuns können fast das ganze Jahr über Regenfälle bringen. Die trockenste Zeit dauert von Dezember bis März. Im 1500 m hohen Da Lat liegen die Temperaturen im Jahresmittel um 18°C, in anderen Orten sind sie je nach Lage höher oder niedriger.

Im stets heißen **Süden** klettert das Thermometer von Januar bis April täglich auf weit über 30 °C. Im April und Mai erreicht die Luftfeuchtigkeit schweißtreibende 90 %. Der Südwestmonsun ab Mai äußert sich in täglichen kurzen Schauern, die man als wohltuende Abkühlung empfindet. Am freundlichsten sind die trockenen Monate Dezember bis März.

Der Monsun beschert heftige Regenfälle

Reservieren Sie früh, denn der anhaltende Touristenboom führt in der Hochsaison zwischen November und Februar bei Transport und Unterkünften zeitweise zu extremen Engpässen. Mit ausgebuchten Flügen und Hotels müssen Sie an den Weihnachtsfeiertagen, während des vietnamesischen Neujahrsfestes Tet im Januar/Februar, aber auch rund um die beiden staatlichen Feiertage am 30. April und 1. Mai rechnen.

ANREISE

Vietnam ist perfekt ans internationale Flugnetz angebunden. Von Europa gut elf Flugstunden entfernt, gibt es zudem zahlreiche Verbindungen innerhalb der Region. Theoretisch können Sie auch mit dem Zug anreisen.

Vietnam Airlines (www.vietnamairlines.com) unterhält Direktflüge von Frankfurt/Main nach Hanoi und Ho-Chi-Minh-Stadt, ansonsten gibt es Flüge mit Singapore Airlines und Thai Airways über die Drehscheiben Singapur bzw. Bangkok. Auch die Emirates und Qatar Airways mit Zwischenstopp in Dubai bzw. Doha sind attraktive Flugoptionen. Zunehmend gibt es regionale Flugverbindungen u. a. nach Da Lat, Da Nang und Phu Quoc.

Mit dem Zug können Sie von Hanoi ins chinesische Nanning, Hauptstadt von Guangxi, und mit Zugwechsel im Grenzort Hekou nach Kunming,

DIE BRÜCKENBAUERIN

Vu Thao beim Besuch einer Weberei

Zwischen den hohen Bergen im Norden Vietnams und den Boutiquen der Städte scheinen Welten zu liegen. Doch dank der Modedesignerin Vu Thao sind sie eng miteinander verwoben. Denn die Materialien und Farben für ihre Kleider stammen aus den Dörfern von vier Bergminderheiten. Dort färben und weben drei Dutzend Frauen u. a. der Hmong und Nung An die Stoffe aus Naturmaterialien wie Hanf, Yamswurzel und Indigo. Dabei verwenden sie zwar traditionelle Techniken wie Batik, doch auch moderne Methoden, um die Textilien haltbarer zu machen. Vu Thao schneidert in ihrem Hanoier Studio daraus tragbare Kleidungsstücke, die mit ihrem modernen Design kaum an Ethno-Look erinnern und ziemlich gut ankommen: Regelmäßig wird ihr Label »Kilomet 109« in Modemagazinen und auf Fashion Shows präsentiert.

»Als Vietnamesen müssen wir unsere Identität modernisieren und unsere Traditionen weiterentwickeln. Nicht nur in der Mode, sondern quer durch alle Branchen. Eine Kultur muss voranschreiten, sonst verschwindet sie«, meint die 1978 geborene Hanoierin. Mit ihren Kleidern will Vu Thao nicht nur Tradition und Moderne verbinden, sondern auch Mensch und Natur: »Der Wert unserer Stücke geht über ihr Design hinaus. Er hat mit der Kultur jener Menschen zu tun, die sie produzieren. Und mit Fragen der Umwelt, die so wesentlich für unsere Zukunft sind.« So zählt es zu den schönsten Teilen ihrer Arbeit, mit den Frauen durch den Wald zu streifen, um nach Yamswurzeln für den Färbeprozess zu suchen. »Das ist so befriedigend«, meint Vu Thao. Auch wenn es manchmal zu unerwarteten Begegnungen mit der Natur in Gestalt von Schlangen oder Blutegeln kommt ...

Tipps:

- Hier können Sie Vu Thaos Kreationen kaufen: **Modul 7 Design** (83 Xuan Dieu, Tay Ho, Hanoi, www.facebook.com/module7), sowie Kilomet 109 (64 Quang An, Tay Ho, Hanoi, www.kilomet109.com).
- Die fotogene **Long Bien-Brücke** über den Roten Fluss in Hanoi ist immer wieder eine hübsche Kulisse für Modeshootings.
- »Frauen der Schwarzen Hmong sind für mich die modischsten Menschen«, meint Vu Thao. Ihre Dörfer können Sie beispielsweise rund um **Sa Pa** > S. 83 besuchen.

Hauptstadt der Provinz Yunnan, fahren. Es existieren mehrere Grenzübergänge nach Laos und Kambodscha. So können Sie mit dem Bus von Ho-Chi-Minh-Stadt über Moc Bai (7 Std.) oder mit dem Boot von Chau Doc über Vinh Xuong (5 Std.) nach Phnom Penh weiterreisen.

REISEN IM LAND

MIT DEM FLUGZEUG

Die Flugverbindungen sind gut. Vietnam Airlines verfügt über ein dichtes Streckennetz und fliegt mit modernen Maschinen viele Inlandsziele an. Jetstar Pacific (www.jetstar.com) und VietJet Air (www.vietjetair.com) locken mit günstigen Tarifen und einem stetig wachsenden Flugangebot.

Vietnam Airlines und VietJet Air starten zudem zu weiteren Zielen in der Region, beispielsweise nach Phnom Penh und Siem Reap, in die laotische Welterbestadt Luang Prabang und nach Yangon (Myanmar).

MIT DER EISENBAHN

Auf der Schmalspurstrecke zuckelt der Wiedervereinigungs-Express sechsmal täglich zwischen Hanoi und dem 1726 km entfernten Ho-Chi-Minh-Stadt (Fahrtdauer min. 32 Std.). Es empfiehlt sich, im *soft sleeper* der 1. Klasse zu reisen und rechtzeitig zu buchen. Die landschaftlich schönste Bahnstrecke verläuft entlang des Roten Flusses zwischen Hanoi und dem Grenzort zu China, Lao Cai. Den Zügen werden komfortable Schlaf- und Speisewagen angehängt, z. B. von Victoria Express Train (www.victoriahotels.asia).

Fast alle Gegenden in Vietnam sind ans Schmalspur-Eisenbahnnetz angeschlossen

In den Städten ist der Verkehr lebhaft

MIT DEM MIETWAGEN

Bei individuellen Rundreisen hat sich ein Mietwagen mit Fahrer bewährt (Selbstfahren ist Touristen verboten). Der Preis richtet sich nach Fahrzeug (pro Tag ab 40 €) und gefahrenen Kilometern. Hinzu kommt eine Tagespauschale für den Fahrer und ggf. den Guide.

MIT DEM BUS

Das öffentliche Busnetz ist zwar gut ausgebaut und günstig, aber die Busse sind nicht gerade komfortabel. Alternativ bieten zahlreiche lokale Reiseveranstalter zwischen den wichtigsten Touristenstädten Minibusse zu Festpreisen an. Sie sind preiswerter und schneller als der Zug, bisweilen halten sich die Fahrer aber für Formel-1-Piloten. Bei Individualtouristen erfreuen sich die sog. Open-Tour-Busse großer Beliebtheit: Zu bestimmten Zeiten verkehren Reisebusse auf festgelegten Strecken, u. a. auf der Route Hanoi–Ninh Binh–Dong Hoi–Hue–Hoi An–Nha Trang–Da Lat–Ho-Chi-Minh-Stadt bzw. Nha Trang–Mui Ne–Ho-Chi-Minh-Stadt. Buchung einer Teil- oder der Gesamtstrecke über die zahlreichen lokalen Reisebüros. Einen guten Ruf genießen FUTA Bus Lines und die Gesellschaft Hoang Long.

NAHVERKEHR

In größeren Städten gibt es Taxis mit Taxameter. Zuverlässiger und günstiger sind über die App Grab gebuchte Taxen (www.grab.com). Die typischen *cyclos,* Fahrradrikschas, werden seltener, immer beliebter hingegen die Moped-Taxis *(Honda om),* die allerdings keine offizielle Lizenz haben. Der Preis ist Verhandlungssache, die Helmpflicht nicht. Hanoi und Ho-Chi-Minh-Stadt verfügen auch über ein öffentliches Busnetz.

SPORT & AKTIVITÄTEN

Ob per Fahrrad durch Traumlandschaften, per Surfbrett über Wellen oder einfach in die Meeresfluten stürzen – Ihrem Bewegungsdrang sind in Vietnam keine Grenzen gesetzt.

FAHRRADTOUREN

Vietnam lässt sich wunderbar mit dem Fahrrad *(xe dap)* erkunden. Einige internationale Veranstalter bieten sogar geführte Radtouren an. Mancherorts verleihen Gästehäuser oder Reisebüros Zweiräder für kleine Rundfahrten. Planen Sie mehrtägige Touren, sollten Sie ihr eigenes Gefährt samt Ersatzteilen mitnehmen. Alternativ können Sie vor Ort günstige und durchaus akzeptable Mountainbikes *(xe dap leo nui)* kaufen. Schöne Ausflüge bieten sich in der Trockenen Ha-Long-Bucht bei Ninh Binh, rund um Hoi An und Hue oder im Mekong-Delta an.

MOPEDTOUREN

Kein Gefährt verkörpert die Dynamik Vietnam so gut wie das Moped *(xe om)*. Und zunehmend wird das Gefährt auch unter Touristen beliebter. Ob selber fahren oder auf dem Rücksitz – die Angebote sind vielfältig. So bieten beispielsweise Back of the Bike Tours (www.backofthebiketours.com) in Ho-Chi-Minh-Stadt und Rosa Motor Bike Tours (www.rosamotorbiketours.com) in Hanoi geführte Touren an. Vielerorts gibt es auch Mopedverleih. Motorradtouren kann man über Vietnam Motorbike Tours (www.vietnammotorbiketours.com) organisieren.

WANDERN

Von der kleinen Dschungelwanderung bis zur anspruchsvollen Trekkingtour ist vieles möglich. Die gut erschlossenen Nationalparks wie Cuc Phuong, Bach Ma oder Cat Ba verfügen über markierte Wanderwege. Optimale Ausgangspunkte für Bergwanderungen sind Sa Pa und Mai Chau. Eine gute Ausrüstung ist unbedingt erforderlich (besser mit-

WANDERN IN VIETNAM

- Der Nationalpark auf der größten Insel des **Cat-Ba-Archipels** bietet vielfältige Wandermöglichkeiten. > S. 78
- Im **Cuc-Phuong-Nationalpark** führen markierte Pfade durch den intakten Regenwald mit einigen uralten Baumriesen. > S. 81
- Die Bergwelt im Nordwesten eignet sich für Trekkingtouren besonders gut, etwa die Umgebung von **Mai Chau** mit einigen Dörfern der Minderheiten. > S. 82
- **Sa Pa** ist dank eines vielfältigen Angebots ein wahres Eldorado für Abenteuertouristen. Mit guter Kondition können Sie dort sogar den höchsten Berg Vietnams erklimmen. > S. 83

Mui Ne gehört zu den besten Surfspots im ganzen Land

bringen), bei längeren Touren auch ein Führer. Während mehrtägiger Touren übernachtet man meist bei Einheimischen in einfachen Hütten.

WASSERSPORT

Tauchen, Schnorcheln, Surfen – kein Problem. Am China Beach › S. 98 südlich von Da Nang und in Mui Ne › S. 125 sind die Bedingungen für Wellenreiten und Windsurfen optimal. Vietnamesische Tauchreviere mögen nicht das Niveau der Malediven haben, aber die fischreiche Unterwasserwelt ist allemal einen Blick durch die Taucherbrille wert. Zu den besten Gebieten zählen die Cham-Insel › S. 104 bei Hoi An, Hon Ong (Whale Island) in der Ben-Goi-Bucht, 80 km nördlich von Nha Trang, die Bucht von Nha Trang › S. 126, die Insel Phu Quoc › S. 144 und der Con-Son-Archipel. Infos unter: www.divevietnam.com und www.taucher.net.

WELLNESS

Fast jedes Resort oder Hotel verfügt über einen Wellnessbereich, doch vielfach verdient er diesen Namen nicht. In Touristenzentren gibt es günstige Massagen nahezu an jeder Ecke. Wirklich gute Massage- und Beauty-Anwendungen sind indes nicht billig. Empfehlenswert sind Hanoi La Belle Spa (www.hanoilabellespa.com) und La Maison de L'Apothiquaire (www.lapothiquaire.vn) in Ho-Chi-Minh-Stadt, das auch Yoga-Klassen anbietet. Strandurlaub mit Yoga verbinden können Sie u.a. in den Bamboo Cottages (www.bamboophuquoc.com) auf Phu Quoc.

UNTERKUNFT

Die Palette reicht von einfach bis luxuriös, von Öko bis Boutique, von lokal bis international, von kolonial bis modern.

Entsprechend unterschiedlich wird der Geldbeutel strapaziert: vom Bett im Hostel für 3 $ pro Nacht bis zur Suite im vierstelligen Bereich. Einfache Gästehäuser und Minihotels verlangen 5 bis 20 $ pro Zimmer und die Mittelklassehotels für ihre Standard-, Superior- und Deluxe-Räume etwa 25 bis

50 $. Die Übernachtungspreise in gehobenen Hotels liegen je nach Lage bei 60 bis 120 $, während in den Tophotels und Luxusresorts nach oben keine Grenzen gesetzt sind. Gehobene Unterkünfte addieren 10 % Mehrwertsteuer (VAT) und 5 % Service-Gebühr (SC) auf die Rechnung. Die in Vietnam offiziell vergebene Sternekategorie ist nicht identisch mit dem internationalen System.

Internationale Hotelketten wie Hilton, Hyatt, Meliá oder Sheraton sind im ganzen Land gut vertreten. Doch auch einheimische und regionale Gruppen besitzen attraktive Häuser, etwa Victoria Hotels mit Unterkünften im lokalen Stil (www.victoriahotels.asia) oder Anantara (www.anantara.com) und Six Senses (www.sixsenses.com) mit Schwerpunkt auf Wellness. Zudem existieren einige altehrwürdige Kolonialhotels: das legendäre Sofitel Metropole in Hanoi, das Saigon Morin und La Résidence in Hue, der Dalat Palace in Da Lat und das Majestic in Ho-Chi-Minh-Stadt.

Für An- und Abreisetag sowie bei Hotels der gehobenen Preisklasse empfiehlt sich eine rechtzeitige Buchung über eine vietnamesische Reiseagentur oder einen heimischen Veranstalter (oft mit Flugkombination interessant). Unterkünfte können auch online gebucht werden, etwa unter www.booking.com oder www.agoda.de. Der Vergleich mit den Preisen auf den Websites der einzelnen Hotels kann sich lohnen.

Zur Hauptsaison (vor allem Weihnachten) und rund um das Tet-Fest (Jan./Feb.) herrscht Hotelknappheit, daher sollten Sie sehr früh buchen. Ansonsten reicht es vor allem bei Gästehäusern und Minihotels im Allgemeinen, wenn Sie sich ein bis zwei Tage zuvor nach freien Zimmern erkundigen.

Beim Einchecken ins Hotel muss der Reisepass vorgezeigt werden.

WOHNEN IM GRÜNEN

- Vier Autostunden südwestlich von Hanoi bietet die **Mai Chau Lodge** schlichten Komfort inmitten der wunderbaren Berglandschaft um Mai Chau. > S. 82
- Die umweltfreundlich geführte **Topas Ecolodge** liegt etwa 15 km von Sa Pa entfernt und eröffnet ein traumhaftes Bergpanorama. > S. 83
- Im komfortablen **AVANI Quy Nhon Resort & Spa** in Qui Nhon können Sie die Ruhe am Meer genießen und sich im Spa verwöhnen lassen. > S. 105
- Großstadtmüde finden im **Ho Tram Beach Boutique Resort & Spa** ein wunderbares Refugium direkt am Meer, nur drei Autostunden von Ho-Chi-Minh-Stadt entfernt. > S. 125
- Entspannung und Erholung mit allem Komfort hat sich das **Mia Resort Nha Trang** auf die Fahnen geschrieben. Das stylische Strandresort liegt in Bai Dong, 20 km südlich von Nha Trang. > S. 129

Das Fahrrad ist ein typisches Fortbewegungsmittel

LAND & LEUTE

STECKBRIEF

- **Fläche:** 331 688 km² (einschließlich der umstrittenen Paracel- und Spratly-Archipele)
- **Hauptstadt:** Hanoi
- **Amtssprache:** Vietnamesisch
- **Lebenserwartung:** Frauen 80,6, Männer 71,2 Jahre
- **Analphabetenrate:** Frauen 8 %, Männer 4 %
- **Einwohner:** 93,4 Mio.
- **Bevölkerungswachstum/Jahr:** 1 %
- **Stadt/Landbevölkerung:** 30 % / 70 %
- **Landesvorwahl:** 0084

- **Währung:** Vietnamesischer Dong
- **Zeitzone:** MEZ + 6 Std. (MESZ + 5 Std.)

LAGE

Vietnam erstreckt sich über 1700 km von Nord nach Süd und zwischen 50 und 600 km von West nach Ost. Das wie ein S geformte Land bildet den Abschluss des kontinentalen Südostasien. Im Norden grenzt es an China, im Westen an Laos und Kambodscha, im Osten und Süden ans Südchinesische Meer (*bien dong*, »Ostmeer«) und im Südwesten an den Golf von Thailand.

POLITIK UND VERWALTUNG

In der Sozialistischen Republik Vietnam (SRV) ist die Kommunistische Partei als einzige politische Kraft zugelassen. Sie wählt alle fünf Jahre auf ihrem Nationalkongress ein Zentralkomitee, aus dem wiederum das Politbüro bestimmt wird. Als höchste politische Instanz und Legislative dient die ebenfalls alle fünf Jahre vom Volk gewählte Nationalversammlung. Zweimal jährlich tritt sie zusammen, um Gesetze zu verabschieden. Zudem wählt sie im Fünf-Jahres-Zyklus neben dem Ministerrat den Staatspräsidenten.

WIRTSCHAFT

Seit 1986 auf dem Sechsten Parteitag die Sozialistische Marktwirtschaft beschlossen wurde, entwickelt sich das Land in atemberaubender Geschwindigkeit zu einer modernen Wirtschaftsnation. Die Ökonomie boomt und erreicht seit vielen Jahren ein jährliches Wachstum von 7–8 %. Die Kehrseite sind vermehrte Korruption, ein zunehmendes Stadt-Land-Gefälle und starke soziale Spannungen. Aber der Aufschwung zeigt Folgen: Nur noch jeder zehnte Vietnamese lebt am Rand des Existenzminimums.

Neben Rohöl zählen Textilien und Schuhe sowie Elektroteile und Meeresfrüchte zu den wichtigsten Exportgütern. In der Reis- und Kaffeeausfuhr steht das Land weltweit an zweiter Stelle, im Export von Pfeffer und Kautschuk an erster bzw. dritter Stelle. Hauptabnehmerstaaten sind die USA, Japan und die EU. Auch der Tourismus verzeichnet enorme Zuwachsraten: 2017 reisten über 13 Millionen Besucher ins Land.

Trotz jährlich steigender Exporterlöse herrscht ein deutliches Außenhandelsdefizit aufgrund des enormen Bedarfs der Vietnamesen an ausländischen Konsumgütern – allen voran Fahrzeuge und Unterhaltungselektronik. China ist vor Taiwan und Singapur der mit Abstand wichtigste Importpartner des Landes.

SPRACHE UND SCHRIFT

Vietnamesisch wird zusammen mit der Sprache der Muong-Minderheit als eigenständige Gruppe betrachtet. Viele Grundwörter entstammen dem Chinesischen, modernere Begriffe auch dem Französischen – etwa *ga* (Bahnhof) von *la gare*. Sechs Tonhöhen definieren die einsilbigen Grundwörter. In der Schrift sind sie durch Zeichen über oder unter den Vokalen markiert. Erst dann wird erkennbar, ob mit dem Wort *ma* ein böser Geist, ein Pferd oder die Mutter gemeint ist. Durch die Aneinanderreihung einzelner Silben, die in der Regel jede für sich eine Bedeutung tragen, entstehen neue Begriffe. So wird aus *nha* (Haus) und *ve sinh* (Sauberkeit) die Toilette, *nha ve sinh*. Aus Fremdsprachen übernommene Begriffe folgen der Lautung, etwa bei *ca phe* (Kaffee) oder *bia* (Bier). Vorangestellte Klassifikatoren wie *cai* für Dinge oder *con* für Tiere lassen erkennen, ob man z. B. das lebende Huhn *(con gai)* oder das Hühnerfleisch *(thit gai)* meint.

Bis ins 19. Jh. war bei Gebildeten das chinesische Schriftzeichensystem *(chu nho)* verbreitet. In dessen Ableitung entstand im 13. Jh. eine vietnamesische Variante *(chu nom)*, die sich jedoch im Volk nie durchsetzte. Die heutige nationale Schrift *(quoc ngu)* geht auf den französischen Jesuiten Alexandre de Rhodes aus dem 17. Jh. zurück und basiert auf dem lateinischen Buchstabensystem, erweitert um zahlreiche diakritische Zeichen.

Der Fischfang wandert auf die lokalen Märkte, aber auch in den Export

GESCHICHTE IM ÜBERBLICK

3. Jh. v. Chr. Es entsteht der erste historisch nachweisbare Staatenverbund Au Lac. Hauptstadt ist Co Loa.
111 v. Chr. Eroberung des Roten-Fluss-Deltas, Beginn der tausendjährigen Besatzung durch China.
938 erringt General Ngo Quyen auf dem Bach-Dang-Fluss mit einer Entscheidungsschlacht die Unabhängigkeit. Als er 944 stirbt, brechen Streitigkeiten zwischen Generälen und Fürsten aus. Dinh Bo Linh ruft sich 968 zum König aus, gründet das Reich Dai Co Viet und verlegt die Hauptstadt nach Hoa Lu.
1009 gründet Ly Thai To die erste stabile Dynastie und verlegt die Hauptstadt nach Thang Long (Hanoi). Die neun Ly-Könige fördern den Buddhismus, bevorzugen aber ein konfuzianisches Verwaltungs- und Bildungssystem. Der Ly-Dynastie folgt ab 1225 die Tran-Dynastie.
1427 gelingt es Le Loi, die 20-jährige Besatzungszeit Chinas zu beenden. Die Vietnamesen dehnen ihren Machtbereich auf Kosten der Cham nach Süden aus und erobern 1471 deren letztes Reich Vijaya.
16.–17. Jh. Die mächtigen Klans der Trinh und Nguyen weiten ihre Herrschaft aus. Ihr Kampf um die Vormachtstellung führt 1673 zur Teilung des Reiches. Ende des 17. Jhs. wird auch das Mekong-Delta von den Vietnamesen besiedelt. Erste europäische Händler und Missionare fassen Fuß.
1771–1801 Im Zuge des Tay-Son-Aufstandes vertreiben drei Brüder die Trinh- und Nguyen-Fürsten. Für einige Jahre kontrollieren sie das ganze Land.
1802 ruft sich Nguyen Anh in seiner Heimatstadt Phu Xuan (Hue) zum Gia-Long-König aus und etabliert die Nguyen-Dynastie.
Ab 1858 erobert eine spanisch-französische Strafexpedition den gesamten Süden.
1887 vereinen die Franzosen ihre Kolonien bzw. Protektorate Cochinchine (Süden), Annam (Mittelvietnam) und Tongking (Norden) zur Union Indochinoise. Zahlreiche Rebellionen werden von den Franzosen brutal niedergeschlagen.
1930 gründet Ho Chi Minh in Hongkong die Kommunistische Partei Vietnams.
1940–45 Japan besetzt das Land, duldet jedoch die französische Verwaltung. Der 1941 etablierten Liga für die Unabhängigkeit (Viet Minh) gelingt nach der japanischen Kapitulation im August 1945 die Einnahme Hanois. Ho Chi Minh ruft am 2. September die Demokratische Republik Vietnam (DRV) aus.
1946–1954 Frankreich erkennt die DRV an, will aber seine Macht nicht abgeben und landet Truppen. Der Krieg eskaliert und gipfelt in der Entscheidungsschlacht auf der Hochebene von Dien Bien Phu. Nach der Kapitulation im Mai 1954 ziehen die Franzosen ab. Das Genfer Abkommen legt den 17. Breitengrad als vorläufige Demarkationslinie fest, die zur Grenze wird.

1955 kommt im Süden Ngo Dinh Diem mit Unterstützung der USA an die Macht und verweigert aus Furcht vor einem Sieg der Kommunisten die vorgesehenen Wahlen.
1960–63 Die Ende 1960 in Südvietnam gegründete Nationale Befreiungsfront (FNL) bringt weite Landesteile unter ihre Kontrolle. Der Katholik Diem geht gegen Buddhisten vor, es kommt zu Demonstrationen und Selbstverbrennungen von Mönchen. Im November 1963 wird Diem von seinem Militär ermordet.
1965 treten die USA offiziell in den Krieg ein. General Nguyen Van Thieu wird Präsident Südvietnams.
1968 Die Tet-Offensive der FNL schlägt zwar fehl, wird jedoch zur entscheidenden Kriegswende.
1969 stirbt Ho Chi Minh. Die USA und Nordvietnam treffen sich zu Geheimverhandlungen.
1973 führt das Pariser Waffenstillstandsabkommen zum Abzug der US-Truppen. Die Eroberung Südvietnams durch nordvietnamesische Truppen endet am 30. April 1975 mit der Einnahme Saigons.
1976 wird das Land offiziell wiedervereinigt. Doch Repressalien führen in den Folgejahren zum Exodus Hunderttausender.
1979 Invasion in Kambodscha nach Massakern durch Truppen der Khmer Rouge. China startet daraufhin im nördlichen Grenzgebiet einen »Straffeldzug«.
1986 Das Reformprogramm *doi moi* führt zur schnellen Verbesserung der katastrophalen Wirtschaftslage.

Gut geschützt gegen Sonne und Staub

1994 Mit Beendigung des Wirtschaftsembargos und der Wiederaufnahme diplomatischer Beziehungen im Folgejahr normalisiert sich das Verhältnis zu den USA.
Nach 2000 Wirtschaftswachstum von jährlich über 7 %. Die Konflikte zwischen Landbevölkerung und Regierung verschärfen sich.
2007–2009 Vietnam wird Mitglied der Welthandelsorganisation. Das jährliche Durchschnittseinkommen überschreitet 2009 erstmalig die 1000-$-Marke, aber bei hoher Inflation.
2016 Der 12. Parteitag der KP bringt keine Änderung im Machtgefüge. Mit Nguyen Thi Kim Ngan übernimmt erstmals eine Frau den Vorsitz der Nationalversammlung.
2018 Der Wirtschaftsboom führt zunehmend zu Umweltproblemen. Trotzdem kommt es zu Verhaftungen von Umwelt- und Menschenrechtsaktivisten. Immer wieder finden antichinesische Demonstrationen statt.

NATUR & UMWELT

Vietnam wird gern mit einer Tragestange verglichen, an der zwei Körbe hängen: Der schmale Küstenstreifen entspricht der gebogenen Stange, die beiden Ebenen – das knapp 15 000 km² großen Roten-Fluss-Delta und das 40 000km² großen Mekong-Delta, stellen die Körbe dar.

Höchste Erhebung ist der 3143 m hohe Fan Si Pan bei Sa Pa. Von Norden nach Süden bilden die über 1200 km langen Annamitischen Kordilleren – vietnamesisch Truong Son (»Lange Berge«) – eine natürliche Grenze zu Laos und Kambodscha. Die Küstenlänge beträgt 3260 km, größte Insel ist Phu Quoc im Golf von Thailand.

Wegen der landschaftlichen Gegensätze sind Flora und Fauna sehr vielfältig. Über 9400 Pflanzenarten wurden bislang identifiziert, davon sind fast ein Drittel endemisch. Zehn Prozent aller weltweit bekannten Säugetiere, Vögel und Fische sind in Vietnam beheimatet, darunter 850 Vogel- und 5500 Insektenarten. Es ist gut möglich, dass Sie einigen Krabbeltieren begegnen, sehr unwahrscheinlich hingegen, dass sie den etwa 100 Wildelefanten oder gar einem Indochina-Tiger über den Weg laufen.

Noch im frühen 20. Jh. war Vietnam zu mehr als zwei Dritteln von Wald bedeckt. Durch Brandrodung, Abholzung und nicht zuletzt die großflächigen Entlaubungsaktionen während des Vietnamkriegs hat sich der Bestand auf weniger als ein Fünftel der Gesamtfläche reduziert. Wiederaufforstungsprogramme beschränken sich meist auf das Anlegen von Monokulturen. Derzeit sind 122 Schutzgebiete ausgewiesen, die etwa 7 % der Landesfläche einnehmen. 25 haben den Status eines Nationalparks, darunter Cuc Phuong südlich von Hanoi, Phong-Nha-Ke-Bang bei Dong Hoi und ein Teil der Ha-Long-Bucht. Die beiden Letzteren sind UNESCO-Welterbe. Doch Bevölkerungsdruck, mangelnde Finanzierung und fehlendes Umweltbewusstsein lassen manch wohlgemeinte Bemühung ins Leere laufen. Vermüllte Strände und Straßenböschungen sind keine Seltenheit.

PALMEN IN ALLEN LAGEN

Für die Vietnamesen haben Palmen viele Verwendungen. Die Arecapalme liefert ihnen die Betelnuss und die Salakpalme die Schlangenfrucht. Aus dem Saft der Palmyrapalme köcheln sie Palmzucker oder brennen Palmschnaps, aus den Blättern der Latanpalme stellen sie die konischen Hüte her und aus der Rotangpalme schöne Rattan-Möbel. Der Wedel der Nipapalme eignet sich als Dach, während die Kokospalme wohl den vielfältigsten Nutzwert hat: Sie liefert Baumaterial, Nahrung und ein köstliches Getränk.

DIE MENSCHEN

Tay, Hmong, Phu La, Garai, Bahnar – die Namen der 54 vietnamesischen Volksgruppen klingen mitunter recht exotisch. Mit ihren Traditionen und Lebensstilen machen sie das Land zu einem multikulturellen Flickenteppich.

Einerseits führt die fortschreitende Entwicklung Vietnams sie langsam aus der Armut, andererseits wird ihre kulturelle Identität zunehmend von der Globalisierung bedroht. Trotz gesetzlicher Gleichstellung leiden die Minderheiten unter Diskriminierung und Dominanz durch die Viet, denen 86 % der Gesamtbevölkerung angehören.

VIET

Chinesische Chronisten spotteten gern über die »barbarischen« Praktiken der Viet, etwa das Betelkauen, das Schwärzen der Zähne und Tätowierungen – Gepflogenheiten, die sie mit zahlreichen Völkern Südostasiens teilten. Andererseits haben die Viet bis heute viel mit den Chinesen gemeinsam, denn bereits in vorchristlicher Zeit vermischten sie sich in ihrem Stammland, dem Roten-Fluss-Delta, mit einwandernden Volksgruppen aus dem Land der Mitte. Vor allem aber hat die lange chinesische Besatzungszeit tiefe Spuren hinterlassen: kulturell, sprachlich und politisch.

Hier ist das Boot auch Wohnung

CHAM

Die Cham zählen zur austronesischen Sprachfamilie und sind matrilinear organisiert. Bereits vor über 2000 Jahren wanderten sie aus dem malaiisch-indonesischen Raum ein und siedelten entlang der zentral-vietnamesischen Küste. Spätestens im 4. Jh. erhoben ihre Herrscher den Hinduismus zum Staatskult, gaben sich Sanskritnamen und ließen zu Ehren Shivas und anderer Hindugötter Tempeltürme *(kalan)* errichten. Auch der Buddhismus war verbreitet. Champa bestand vor allem aus Hafenzentren an den Flussmündungen und einem fruchtbaren Hinterland, etwa bei Da Nang, Qui Nhon, Nha Trang und Phan Rang. Die Cham lebten vom regionalen Seehandel und waren berühmt für ihren 100-Tage-Reis. Mit dem Ausbreiten der Viet gen Süden begann ab dem 11. Jh. ihr steter Niedergang. Heute leben noch etwa 130 000 Cham in Zentral- und Südvietnam. Die meisten von ihnen sind Muslime.

CHINESEN

Die Vorfahren der heute über 1 Mio. Chinesen (Hoa) in Vietnam sind in mehreren Einwanderungswellen ins Land gelangt. Als der Zusammenbruch der Ming-Dynastie 1644 eine Massenflucht auslöste, durften viele Flüchtlinge auf Geheiß der Nguyen-Fürsten in den Süden Vietnams einwandern. Dort gründeten sie eigene Siedlungen wie Cholon (heute Ho-Chi-Minh-Stadt), My Tho und Can Tho. Spannungen mit China lösten jedoch immer wieder Verfolgungen, ja sogar Pogrome aus. Infolge des vietnamesisch-chinesischen Grenzkonfliktes 1979 verließen Hunderttausende Chinesen das Land. Viele kehrten zurück und profitieren heute überdurchschnittlich vom Wirtschaftsboom.

KHMER

Die 1,2 Mio. Khmer leben fast ausschließlich in Dörfern im Mekong-Delta, das zwischen dem 1. und 6. Jh. Teil des indisierten Funan-Reiches war und ab dem 9. Jh. zum riesigen Angkor-Imperium gehörte. Doch Ende des 17. Jhs. wurden sie von den einwandernden Viet immer mehr zurückgedrängt. Die Khmer sind wie ihre kambodschanischen Landsleute Anhänger des Theravada-Buddhismus und gehören ethnisch der Mon-Khmer-Familie an. Ihr kulturelles Zentrum ist Soc Trang.

BABEL IN DEN BERGEN

Eine Rote Dao feilscht mit einer Grünen Hmong um die Süßkartoffeln, während nebenan eine Schwarze Thai frischen Fisch anbietet. Auf den Märkten der ethnischen Minderheiten herrscht zuweilen ein Stimmengewirr wie einst zu Babel. In manchen Provinzen siedeln über zwei Dutzend verschiedener Volksgruppen, im ganzen Land sind es offiziell 54, die jeweils einer von acht Sprachfamilien angehören. Mit 86 % stellen die Viet (oder Kinh) zwar mit Abstand die Mehrheit, dafür besiedeln die Minderheiten fast zwei Drittel der Gesamtfläche – vorwiegend in den nördlichen Bergen und dem Zentralen Hochland. Manche Gruppen sind schon über 2000 Jahre in Vietnam heimisch, etwa die Cham; andere wanderten erst im 19. Jh. ein, darunter die Hmong und die Dao. Fünf Gruppen überschreiten die Millionengrenze: die Tay, die Thai, die Khmer, die Hoa und die Muong. Andere wiederum sind nicht einmal tausend Mitglieder stark, etwa die Si La, Pu Peo oder Ro Mam.

GLAUBENSWELTEN

Der Glaube der Vietnamesen ist so bunt wie ein Regenbogen und pragmatisch wie der Straßenverkehr. Je nach Lebenslage gibt es unterschiedliche Zuständigkeiten. Dabei wird alles nicht so bitterernst genommen.

Auf dem Boden der Schrein für den Erdgott, im Wohnzimmer ein Altar für die Ahnen und daneben eine Buddhastatue, während draußen ein paar Räucherstäbchen für die Geister brennen – es gibt viel zu tun, um all die Himmelswesen bei Laune zu halten.

AHNEN UND GEISTER

Eine Frau besitzt neun und ein Mann sieben körperbezogene Seelen *(phach* oder *via),* dazu kommen noch drei geistbezogene Seelen *(hon).* Die *hon* wandern 49 Tage nach dem Ableben ins Totenreich. Um sie in der Familie zu halten, errichten die Angehörigen ihnen einen Altar, wo die Seelen in der Ahnentafel Platz nehmen können. Somit bleibt der Verstorbene weiterhin Teil der Familie. Und damit er gut versorgt ist, tischt man ihm Speisen auf und verbrennt Geld oder Gebrauchsgegenstände aus Papier.

Die ganze Welt ist voller Naturgeister, bösartiger Dämonen und hungriger Geister. Manche wohnen in Bäumen, Flüssen und Steinen, andere irren ziellos umher. Damit sie keinen Schaden anrichten, bringt man ihnen Opfergaben dar und errichtet Schreine. Jedes Dorf verehrt zudem im Gemeinschaftshaus *(dinh)* oder Gedenktempel *(den)* seinen eigenen Schutzgeist.

KONFUZIANISMUS

Der hohe Stellenwert der Bildung, der Respekt vor den Älteren, der Vorrang der Gemeinschaft, emotionale Zurückhaltung und Verantwortungsbereitschaft – all dies sind Werte, die auf die Lehren des Konfuzius (Khong Tu) zurückgehen. Der Philosoph lebte von 551 bis 479 v. Chr. im chinesischen Staat Lu und predigte eine streng hierarchisch und auf die Erziehung zum »Edlen Menschen« ausgerichtete Ethik.

Zu den fünf Grundtugenden zählen für ihn Mitmenschlichkeit, Gerechtigkeit, Rücksichtnahme, Befolgung der Sitten und Riten sowie Einsicht.

DAOISMUS

Das Streben nach Harmonie, die fast romantische Einstellung zur Natur und eine pragmatische Weltanschauung stehen in der geistigen Tradition von Laotse (Lao Te), der im 7./6. Jh. v. Chr. in der nordchinesischen Provinz Henan gelebt haben soll. Sein Denken kreist um das *dao* – nur unzureichend mit »Sinn« oder »Weg« übersetzbar –, dem allen Dingen innewoh-

Räucherstäbchen sind wie Antennen zum Himmel

nenden Urprinzip. Im Einklang mit dem *dao* soll der Mensch ein einfaches, zurückgezogenes Leben führen.

Gar nicht einfach ist hingegen der Volksdaoismus, der sich nahezu losgelöst von den Ideen des Laotse im Lauf der Jahrhunderte entwickelt hat. Bei ihm steht ein reich bevölkertes Pantheon als eine Art »Himmelsbürokratie für irdische Anliegen« im Vordergrund. An der Spitze der virtuellen Heerscharen steht der Jadekaiser (Ngoc Hoang). Für fast jede Lebenslage ist eine andere Gottheit zuständig: die Himmelskönigin (Thien Hau) für Fischer und Seefahrer, der Gott des Reichtums (Ong Than Tai) für Geschäftsleute, die zwölf Hebammen (Ba Mu) für Frauenleiden und die vier Unsterblichen (Tu Bat Tu) für menschliche Probleme aller Art.

BUDDHISMUS

Seit seiner Einführung vor gut 2000 Jahren ist die Religion des Erleuchteten vorwiegend in Gestalt des Mahayana verbreitet. Nur Wenige – wie die Khmer – sind Anhänger des älteren Theravada-Buddhismus, bei dem die ursprünglichen Lehren Buddhas im Vordergrund stehen.

In vielen Klöstern wird der Meditationsbuddhismus *(thien,* jap. zen) praktiziert, um durch strenge Kontemplation die Erkenntnis zu kultivieren, dass alle Existenzen in sich leer sind. Ziel ist die Erleuchtung, also die vollkommene innere Freiheit des Menschen.

Die meisten Buddhisten folgen der »Schule des Reinen Landes« *(tinh do).* Durch die ständige Anrufung des Buddha-Namens wollen sie später im »Reinen Land des Westens« wiedergeboren werden. Dabei werden sie von Bodhisattvas unterstützt – Erleuchtungswesen, die auf die Welt zurückkehren, um allen Lebewesen zu helfen.

CHRISTENTUM

König Le Trang Tong erließ 1533 ein zeitweiliges Missionsverbot. Es ist der erste Hinweis auf die Anwesenheit von Katholiken in Vietnam. Ab dem 17. Jh. waren vor allem französische Missionare aktiv, darunter der Jesuitenpater Alexandre de Rhodes, der Vater des heutigen vietnamesischen Schriftsystems. Er bekehrte in 22 Jahren rund 6700 Vietnamesen. Während der Kolonialzeit und ab 1954 im Süden unter dem Diem-Regime genossen Katholiken zahlreiche Privilegien. Unter den Kommunisten erlebten sie eine Phase der Unterdrückung, haben sich jedoch inzwischen mit ihnen arrangiert.

Evangelische Gemeinden existieren seit 1911 vorwiegend unter einigen ethnischen Minderheiten im Zentralen Hochland. Heute werden etwa 8 % der Vietnamesen dem Christentum zugerechnet.

VERWIRRENDE GÖTTERWELT

Buddhistisch:

- **A Di Da** (Amithaba), Buddha der Vergangenheit
- **At Nan** (Ananda), Lieblingsschüler Buddhas
- **Ca Diep** (Kashyapa), enger Schüler Buddhas
- **Di Lac** (Maitreya), Buddha der Zukunft, meist als fröhlicher Dickbauch-Buddha dargestellt
- **La Han** (Arhat), Nachfolger Buddhas, meist 18 an der Zahl
- **Pho Hien** (Samantabhadra), Bodhisattva der Meditation (mit weißem Elefanten)
- **Quan Am** (Avalokiteshvara), Bodhisattva des Mitgefühls
- **Thich Ca** (Shakyamuni), historischer Buddha (Siddhārtha Gautama), häufig als Kind dargestellt
- **Van Thu** (Manjushri), Bodhisattva der Weisheit (mit blauem Löwen)

Daoistisch:

- **Ngoc Hoang** (Jadekaiser), oberster Herrscher über Himmel und Erde
- **Ong Tao** (Küchengott), Beschützer des Hauses
- **Ong Dia oder Ong Cong** (Erdgott), Wächter und Schutzgott
- **Ong Than Tai** (Gott des Geldes), der Bankier unter den Göttern
- **Quan Cong** (chinesischer General), Streiter für die Gerechtigkeit
- **Thanh Hoang** (Höllenkönige), Richter über die zehn Höllen
- **Thanh Mau** (Göttliche Mutter), oft Mutter der Erde, des Wassers und der Berge und Wälder
- **Thien Hau** (Himmelskönigin), Beschützerin der Seefahrer und Fischer
- **Tu Bat Tu** (Vier Unsterbliche), namens Tan Vien, Giong, Chu Dong Tu und Lieu Hanh, zuständig für alle möglichen menschlichen Probleme

KUNST, KULTUR & KUNST-HANDWERK

Ob Musik, Theater oder Kunsthandwerk – der enorme Einfluss Chinas ist unübersehbar. Dies verwundert nicht, denn schließlich war Vietnam über tausend Jahre Teil des Reichs der Mitte.

Bis in die jüngere Vergangenheit stand die Kunst vorwiegend in Diensten des Königshofes und der Religion, was ihr nur wenige Freiheiten ließ. Die Auftraggeber machten entsprechend der Tradition genaue Vorgaben.

Dass nur wenige Zeugnisse aus der Vergangenheit erhalten geblieben sind, liegt vorwiegend an den vergänglichen Materialien und den zahlreichen Kriegen.

HOLZSCHNITZKUNST

Beim Besuch in einem Tempel zeugen anmutige Holzplastiken, feinste Muster und Reliefs an Paneelen, Säulen und Dachbalken von der großen Schaffenskraft vietnamesischer Kunsthandwerker. Vor allem die Gemeinschaftshäuser *(dinh)* weisen wunderbare Schnitzarbeiten auf. Dort gelangte im 17. Jh. die Holzschnitzkunst zur Blüte. Die Dachbalken hatten es den Schnitzern besonders angetan, denn hier konnten sie sich mit derben Szenen und üppigen Figuren richtig austoben. Im Gegensatz dazu waren sie in buddhistischen Pagoden *(chua)* auf religiöse Themen beschränkt. Dafür hatten die Bildhauer eine enorme Auswahl bei der Gestaltung von Plastiken. Wegen seiner Beständigkeit und guten Verarbeitungsmöglichkeit bevorzugten sie das Holz des Jackfrucht-Baumes. Im 17. Jh. wurde es populär, dass Stifter und Patrone Porträtstatuen von sich anfertigen ließen. Diese lassen häufig individuelle Züge erkennen. Sehr realistisch wirken bis heute die Darstellungen der 18 Arhats *(La Han)*, etwa in der Tay-Phuong-Pagode › S. 73.

Kunstvolle Schnitzerei

THEATER

In Zeiten von Internet und TV stößt das einheimische Bühnenspiel auf geringes Interesse. Dabei verfügt es über eine lange Tradition, die sich bis ins 12. Jh. zurückverfolgen lässt. Im 17. Jh. hatten sich zwei klassische Formen herausentwickelt: das volkstümliche *cheo* und das höfische *tuong*. Das bevorzugt auf Tempelfesten aufgeführte *cheo* ist eine Mischung aus Satire, Melodram und Gesang mit moralischen Themen. Die Stücke des *tuong* sind stark chinesisch beeinflusst und eine Melange aus Gesang, Akrobatik und Mimik. Mit dem Wasserpuppentheater hat sich im 12. Jh. eine eigenständige, weltweit einmalige Kunstform entwickelt › S. 71. Im Saigon der 1920er-Jahre entstand ein europäisch beeinflusstes Reformtheater *(cai luong)*, das seine Themen bis heute aus aktuellen oder historischen Stoffen bezieht.

MUSIK

Die traditionelle Musik klingt für europäische Ohren meist ziemlich schräg, denn sie folgt der für Ostasien typischen Fünftonmusik. Musik und Instrumente entstammen der chinesischen Tradition, doch finden sich auch Spuren der Cham. Im Lauf der Jahrhunderte bildete sich eine förmlich-steife Hofmusik und eine lebendig-humorvolle Volksmusik heraus. Zu den eigentümlichsten Instrumenten zählt das einsaitige *dan bau* mit länglichem Resonanzkörper und beweglichem Saitenhalter. Heute bevorzugen die jungen Vietnamesen eher einheimische Popklänge, die westlichen und ostasiatischen Trends folgen: Was der DJ in einem Hanoier Club oder einer Saigoner Rooftop Bar auflegt, könnte genauso gut in Berlin laufen.

LITERATUR

Auch die Dichtkunst stand lange unter chinesischem Einfluss. Dies liegt nicht zuletzt daran, dass in Vietnam vorwiegend buddhistische Mönche und konfuzianische Gelehrte der chinesischen Sprache und Schrift mächtig waren. Sie verfassten Gedichte, Chroniken, Land-

DER AO DAI

Anmutig stolzieren die Schulmädchen in ihren weißen *Ao Dai* durch die Straßen. Lange verpönt – und als Schuluniform sogar zeitweilig verboten – kann sich die sinnliche Nationaltracht auch gegen westliche Mode wieder gut behaupten. Auf den Laufstegen werden immer neue Kreationen vorgeführt, der *Ao Dai* (sprich: Ao Sai) ist in der Welt der Mode angekommen. Das »lange Gewand«, so die Bedeutung des Wortes, ist eine seitlich geschlitzte Tunika, die über weiten Seidenhosen getragen wird. 1744 hatte der Fürst Nguyen Phuoc Khoat diese Tracht seinen Untertanen verordnet. Heute wird der *Ao Dai* auch freiwillig gern getragen: mal dunkel und hochgeschlossen, mal hauchdünn und knallbunt.

schaftsbeschreibungen oder Geschichtensammlungen. Später pflegten Adelige die höfische Dichtung als Freizeitbeschäftigung.

Erst im 18. Jh. lösten sich die Versdramen aus ihrem engen Korsett, als der Schriftsteller Nguyen Du (1765 bis 1820) in seinem Versroman *Kim Van Kieu* das tragische Schicksal der schönen Kieu beschrieb, die versuchte, aus der strengen konfuzianischen Gesellschaftspyramide auszubrechen.

Vollkommen unabhängig von dieser Literatur wurde die Volksdichtung mündlich überliefert. Im 19. Jh. übte dann auch die Kolonialmacht literarische Einflüsse aus, während nach der kommunistischen Machtübernahme die Kunst im Dienst der Partei zu stehen hatte. Dies ist heute nicht mehr der Fall. Dafür haben die Schriftsteller nun mit dem globalen Buchmarkt und dem Desinteresse ihrer Landsleute zu kämpfen.

FESTE & VERANSTALTUNGEN

Es sind vorwiegend religiöse Anlässe, die den Festkalender prall füllen. Mit Umzügen und Märkten begeht jedes Dorf seine eigene Feier zu Ehren des Schutzgeistes oder eines Ahnen.

FEIERTAGE

An den folgenden gesetzlichen Feiertagen bleiben Behörden, Ämter und Banken geschlossen. Mit Ausnahme des Tet-Festes sind Privatgeschäfte geöffnet.

- **1. Januar:** Neujahr
- **30. Tag des 12. Mondmonats:** letzter Tag des Mondjahres
- **1.–3. Tag des 1. Mondmonats:** Vietnamesisches Neujahrsfest (Tet Nguyen Dan)
- **10. Tag des 3. Mondmonats:** Gedenktag der Hung-Könige (Gio To Hung Vuong)
- **30. April:** Tag der Befreiung
- **1. Mai:** Tag der Arbeit
- **2. September:** Unabhängigkeitstag

Die meisten Feiertage richten sich nach dem Mondkalender, der aus zwölf Monaten mit 29 oder 30 Tagen besteht. Er ist jedoch an den Sonnenkalender gekoppelt, weshalb etwa alle drei Jahre zwischen dem dritten und vierten Mondmonat ein Schaltmonat eingeschoben wird.

FESTKALENDER

Jan./Feb.: Den Jahresreigen läutet das **Neujahrsfest** Tet Nguyen Dan ein, das die Vietnamesen schlicht *tet* (= Fest) nennen. Es wird über vier Tage zwischen Mitte Januar und Mitte Februar gefeiert. Vorher gilt es, mit allem Alten abzuschließen und das Haus auf das Neue vorzubereiten. Also werden Schulden beglichen, Unbrauchbares wird weggeworfen und durch Neues ersetzt; das gesamte Haus wird generalgereinigt und mit Kumquat-Bäumchen (im Norden) oder Aprikosenbäumchen (im Süden) geschmückt. Bereits am 23. Tag des 12. Mondmonats wird der Altar des Herdgottes gewienert, und mancher schmiert der Figur tatsächlich Honig um den Mund, weil der Gott dem Jadekaiser über die Taten der Familie berichtet. Die nächsten Tage verbringen die Familien mit Essen, Tempelgängen und Besuchen.

März/April: Der 5. oder 6. Tag des 3. Mondmonats ist Tet Thanh Minh, das **Totengedenkfest.** Angehörige reinigen die Gräber ihrer Verstorbenen und bringen Opfergaben dar. Zwischen dem 13. und 16. April wird im Mekong-Delta das **Neujahrsfest der Khmer** gefeiert.

Der 10. Tag des 3. Mondmonats wird als offizieller Gedenktag der Hung-Könige, **Gio To Hung Vuong,** begangen. Die 18 legendären Herrscher sollen gut 3000 Jahre zwischen dem 3. Jt. und dem 3. Jh. v. Chr. im Norden Vietnams regiert haben. Gläubige pilgern zu den Gedenktempeln in den Nghia-Linh-Bergen nördlich von Hanoi.

April/Mai: Zum 15. Tag im 4. Monat begehen die Buddhisten ihr höchstes Fest, Le Phat Dan. Durch Zeremonien in den geschmückten Pagoden erinnern sie an **Buddhas Geburtstag.**

Juni/Juli: Zur **Mittsommerwende,** Tet Doan Ngo, am 5. Tag des 5. Monats, opfert man hungrigen Geistern und Höllenkönigen. Amuletthändler haben Hochkonjunktur.

Aug./Sept.: Am 15. Tag des 7. Monats gedenken Familien zum **Tet Trung Nguyen** mit Speisen und Papieropfern der Ahnen.

Sept./Okt.: Kinderherzen schlagen höher, wenn am 15. Tag des 8. Monats das **Mittherbstfest,** Tet Trung Thu, ansteht. Sie ziehen mit Laternen durch die Straßen und essen Mondkuchen.

Drei Tage lang feiert man *Tet,* das Neujahrsfest, auch mit Drachentänzen

ESSEN & TRINKEN

Vietnams Küche hat weltweit viele Fans. Zu Recht, denn sie ist sehr bekömmlich, äußerst würzig und ungemein vielfältig. Allein die Reisvarianten sind enorm und bereiten als Korn, Nudel oder Teig Gaumenfreuden.

Haben Sie irgendwann die Stäbchen richtig im Griff, dann kann es losgehen mit all den Schälchen voller Gemüse, Fisch, Fleisch und natürlich Reis. Auch die leckeren Nudelsuppen und Frühlingsrollenvarianten sind nicht zu verschmähen. Lassen Sie auch Platz für den zuckersüßen Nachtisch und einen hochprozentigen Reisschnaps zum Verdauen.

REGIONALE BESTSELLER

- Sie lieben Fisch? Dann probieren Sie im **Cha Ca Thang Long** einmal die Hanoier Spezialität *cha ca.* > S. 72
- Hues Küche ist dank ihrer königlichen Vergangenheit besonders vielfältig. Im **Ben Xuan Garden House** essen Sie nicht nur gut, sondern auch mit Stil. > S. 96
- Der **Cargo Club** im Herzen von Hoi An tischt schmackhafte lokale Gerichte auf. Lassen Sie auf jeden Fall auch etwas Platz für die Leckereien aus der hauseigenen Patisserie. > S. 102
- In Ho-Chi-Minh-Stadts angesagtem **Temple Club** speisen Sie im stilvollen Rahmen einer alten chinesischen Stadtvilla. > S. 121
- Der natürliche Reichtum des Mekong-Deltas schlägt sich in den Speisekarten der lokalen Restaurants nieder. Gute Fisch- und Gemüsegerichte finden Sie im **Cay Buoi 2** in Can Tho. > S. 141

MORGENS SUPPE, MITTAGS REIS

Den Tag beginnen die Vietnamesen bevorzugt mit einer **Nudelsuppe.** Zur Auswahl stehen flache weiße Reisnudeln *(banh)* oder gelbe, festere Weizennudeln *(mi),* die bereits gekocht in eine Schale gegeben und mit einigen Gemüseblättern und Kräutern bestreut werden. Darauf kommt Hühner- oder Rindfleisch; der kleine Berg wird dann mit heißer, lange gekochter Fleischbrühe begossen. Auch am Morgen würzt man bereits mit Pfeffer und frisch geschnittenen Chilischoten.

Mittags und abends dominiert der **Reis** mit verschiedenen Gemüsegerichten, Fisch oder Fleisch. Auch eine Suppe wird gern gereicht. Hinzu kommt ein Teller mit »duftenden Kräutern« *(rau thom),* etwa Basilikum *(rau que),* Koriander *(rau mui* oder *ngo)* oder Minze *(rau hung cay).* Sie werden untergemischt und geben dem Gericht Frische.

Nicht fehlen darf *nuoc mam,* das wie Bernstein leuchtende »Wasser vom gesalzenen Fisch«. Die **Fischsoße** ist das Nationalgewürz Vietnams. Gesalzener Fisch (meist Sar-

Vietnamesische Märkte – die Ware ist frisch, farbig und immer schön anzusehen

dellen) fermentiert in speziellen Fässern etwa ein Jahr, bis ein konzentrierter Sud entstanden ist, der genauso riecht, wie man es sich vorstellt. Jede Hausfrau hat ihr eigenes Rezept, um den Sud mit Essig, Zitronensaft, Knoblauch, Zucker, Chili und Koriander zu einer genießbaren Soße zu strecken.

Frühlingsrollen gibt es in erstaunlicher Vielfalt. Sehr beliebt sind gebratene und mit Gemüse und Fleisch gefüllte *nem saigon* (im Norden) bzw. *cha gio* (im Süden). In Zentral-Vietnam sind gedämpfte Reismehlrollen *(banh cuon)* verbreitet, die mit Fleisch- und Gemüsezutaten gefüllt sind. Bei den rohen »Glücksrollen« *(goi cuon)* kommen die Beigaben getrennt zum Selberwickeln auf den Tisch.

Näheres zu regionalen Spezialitäten › **Seitenblick S. 106**.

SÜSSES

Eine Vielzahl von Tropenfrüchten bereichert den Nachtisch. Sehr beliebt sind Banane *(chuoi)*, Pomelo *(buoi)*, Papaya *(du du)*, Jackfrucht *(mit)*, Longan *(nhan)*, Ananas *(qua dua* oder *trai gai)*, Drachenfrucht *(thanh long)* und je nach Saison Mango *(xoai)*. Waffeln *(que)* und Gebäck *(bot nhoi)* sind vor allem in den Städten verbreitet.

GRUNDBEGRIFFE

com – Reis
com chien – Gebratener Reis
mi – Nudeln
pho – Nudelsuppe
heo – Schwein
bo – Rind
ga – Huhn
vit – Ente
ca – Fisch
tom – Shrimps
trung – Eier

Sehr lecker und schmackhaft ist auch Bananenpudding mit Kokosmilch *(che chuoi)* oder eine Schale süße schwarze Bohnen *(che dau den)*. In Bananenblättern gedünstete Klebreiskuchen *(banh chung)* mit Sojabohnensprossen und Schweinefleisch sind zum Tet-Fest allgegenwärtig.

GLASKLARER REISSCHNAPS, RABENSCHWARZER KAFFEE

In Plastikflaschen abgefülltes Trinkwasser *(nuoc nam)* gibt es überall im Land. Noch erfrischender ist das sprudelnde Mineralwasser *(so da)* oder der Saft der frischen Kokosnuss *(nuoc dua)*.

Einheimische Männer greifen gern zum Bier *(bia)*, das als *bia hoi* vom Fass oder in Flaschen und Dosen angeboten wird. Je nach Region kann man im Norden *Halida* und *bia Hanoi*, in Zentral-Vietnam *Huda* und *Larue* oder im Süden *BGI* und *bia Saigon* probieren.

Männliches Lieblingsgetränk ist und bleibt jedoch der Reisschnaps *(ruou de)*. Beim *ruou nep* wird er aus Klebreis gebrannt, beim *ruou ran* sind Schlangen und anderes Getier im Hochprozentigen eingelegt.

Fast in jedem Lokal wird nach dem Essen grüner Tee *(che xanh)* gereicht. Der Kaffee tropft dickflüssig und schwarz in ein Glas mit Filteraufsatz; bei *ca phe sua* befindet sich darin bereits gesüßte Kondensmilch, doch der richtige Aufrüttler ist der rabenschwarze *ca phe den* – serviert in einem kleinen Glas, das in einer mit heißem Wasser gefüllten Schale steht.

SHOPPING

Vom modernen Kunstwerk bis zum vietnamesischen Hut, vom maßgeschneiderten Anzug bis zur Designertasche – die Läden und Märkte sind prall gefüllt. Vietnam ist ein Shoppingparadies, und daher sollten Sie schon vor der Abreise genug Platz im Koffer lassen.

Besonders der Besuch eines Marktes *(cho)* ist ein wahrer Genuss. An den Marktständen türmen sich die Haushaltswaren und Kleidungsstücke, während in einem abgetrennten Bereich Lebensmittel feilgeboten werden. Märkte sind gute Orte, um günstig Gewürze, Kaffee oder lokale Spirituosen zu erstehen. Kleidung und Schuhe sind dort zwar billig, aber vorwiegend in asiatischen Größen zu finden.

Bitte feilschen! Mit Verhandlungsgeschick und entsprechender Dramaturgie können Sie auf Märkten und bei Souvenirhändlern den genannten Preis bis zur Hälfte herunterhandeln. Haben Sie sich mit dem Verkäufer geeinigt, gilt der Deal als besiegelt. Ein Rückzieher bedeutet dann Gesichtsverlust. In teueren Geschäften und Boutiquen sind oft Festpreise gesetzt. Wenn überhaupt, wird hier ein Nachlass von maximal 10 % gewährt.

SEIDE, LACK & LAMPIONS

Geübt im Transport großer Keramik ist dieser Radler in Bat Trang

Rund um Hanoi gibt es eine Reihe von Handwerksdörfern, die sich auf die Herstellung eines Produktes spezialisiert haben, z.B. Bat Trang auf Keramik, Dong Ho auf Neujahrsbilder, Chuong auf konische Hüte und Dong Ky auf Holzarbeiten. Eine große Vielfalt an kunstgewerblichen Produkten finden Sie in der Altstadt von Hanoi. Die Hauptstadt ist zudem eine Hochburg für moderne Kunst. Galerien sind auch in Ho-Chi-Minh-Stadt und Hoi An angesiedelt. Sa Pa im nordwestlichen Bergland ist ein wahres Dorado für Web- und Flechtarbeiten der Minderheiten. Bei Seidenstoffen werden Sie neben den beiden Metropolen vor allem in Hue und Hoi An fündig. In letzterem Ort konkurrieren Dutzende von Kleiderläden miteinander. Bei fast allen können Sie sich über Nacht etwas schneidern lassen.

POETISCHE HÜTE

Hue ist berühmt für die »poetischen Hüte« *(non bai tho)*. Sie werden aus Blättern der Latanpalme hergestellt, die auf kegelförmigen Gestellen an 16 Bambusringen festgenäht werden. Als Zwischenlage kommt ein Scherenschnitt mit Motiven hinzu. Eine Riesenauswahl finden Sie auf dem Dong-Ba-Markt von Hue. › **mehr S. 17 Punkt 31**

LACKARBEITEN

Kunst- und Gebrauchsgegenstände aus Lack sind seit vielen Jahrhunderten verbreitet. Meist wird dazu das Harz des Lacksumach *(Rhus vernicifera)* verwendet und durch verschiedene Zusätze eingefärbt. Auf einen Kern aus Holz oder Bambus trägt der Künstler je nach Qualität mehrere Lackschichten auf. Die Muster gestaltet er durch Einritzen und Ausfüllen mit andersfarbigem Lack, durch Bemalen oder durch Intarsien aus Perlmutt und Eierschalen. Auf diese Arten dekoriert er Dosen, Vasen, Becher, Tabletts oder Essstäbchen, ja selbst Wandschmuck und sogar Möbelstücke. Moderne Lackbilder werden seit ihrer Einführung im frühen 20. Jh. immer populärer. Mit ihnen haben sich mittlerweile eine ganze Reihe von Künstlern einen Namen gemacht.

- **Minh Phuong Lacquer**
  40 Phung Khac Khoan | Dist. 1
  Ho-Chi-Minh-Stadt
  Tel. 028/38 24 76 89
- **Huong Nga Fine Arts**
  240 A Duong Dinh Hoi, Dist. 9
  Ho-Chi-Minh-Stadt
  Tel. 028/66 79 03 77
- **Healing the Wounded Heart**
  23 Vo Thi Sau, Hue
- **Tan My Design**
  61 Hang Gai, Hanoi | Tel. 024/39 38 11 54

MODERNE KUNST

Kunstwerke aus Vietnam erzielen auf dem internationalen Markt vergleichsweise hohe Preise. Beim Besuch einer der vielen Galerien wird deutlich, wie lebendig die Kunstszene ist. Das war nicht immer so. Einer schöpferischen Anfangsphase durch die Etablierung der *École Supérieure des Beaux-Arts de l'Indochine* 1925 in Hanoi folgten kriegs- und teilungsbedingt schwierige Zeiten für Künstler. Ihre Kreativität war durch Geldmangel und ideologische Vorgaben extrem eingeschränkt. Seit den 1990er-Jahren können sie sich wieder freier entfalten und sind damit recht erfolgreich. Vor allem in Hanoi öffnete eine ganze Reihe ambitionierter Galerien. Wer nicht gleich ein Gemälde kaufen will, findet zumindest einige schöne Grußkarten. › **mehr S. 18 Punkt 38**

Einige Adressen in Hanoi:

- **Hanoi Studio Gallery**
  13 Trang Tien
  Tel. 024/39 34 44 33
  www.facebook.com/hanoistudioartgallery
- **Apricot Gallery**
  40 B Hang Bong
  Tel. 024/38 28 89 65
  www.apricot-artvietnam.com
- **Zó Project**
  27 Rail Rd. | 8 Dien Bien Phu
  Mobil-Tel. 0166/660 29 28
  www.zopaper.com
- **Green Palm Gallery**
  39 Hang Gai | Tel. 024/38 28 82 98, und
  15 Trang Tien | Tel. 024/39 36 47 57
  www.greenpalmgallery.com

MODE

Ein Blick auf das Straßenleben zeigt, dass sich »Miss Vietnam« gern modisch kleidet. Die Zahl der Boutiquen ist sprunghaft gestiegen, um die Kauflust der konsum- und experimentierfreudigen Vietnamesinnen – und vermehrt auch der Männer – zu befriedigen. Gute Adressen sind:

- **Emporium Hanoi**
  Schicke Klamotten und hippe Accessoires im Retro- und Ethno-Look aus Vietnam, Kambodscha und Myanmar.
  39 und 172 Xuan Dieu, Tay Ho | Hanoi
  Tel. 024/37 18 43 69
  www.emporiumhanoi.com
- **Vietnam Designer House**
  Ausgefallene Kleider von erfolgreichen Vertretern aus Vietnams kreativer Designer-Szene. > **mehr S. 17 Punkt 32**
  149 Hai Ba Trung und
  158 B Dong Khoi | Dist. 3
  Ho-Chi-Minh-Stadt
  Tel. 028/38 23 40 98
  www.vietmode.com.vn
- **Thuy Design House**
  Hübsche Kleider vom Ao Dai bis zum Minikleid von der Hanoier Designerin Thuy.
  132–134 Dong Khoi | Dist. 1
  Ho-Chi-Minh-Stadt und
  9 Trang Tien | Hanoi
  Tel. 024/39 37 83 23
  www.thuydesignhouse.com
- **Bambou Company**
  Bedruckte T-Shirts und bunte Kleider.
  15 Biet Thu
  Nha Trang
  Tel. 0258/352 36 16
  www.bamboucompany.com
- **Chula Fashion House**
  Modische Kleider und Accessoires der spanischen Designer Diego & Laura.
  43 Nhat Chieu, Tay Ho
  Hanoi
  Tel. 024/37 10 11 02
  www.chulafashion.com

ECHTE SEIDE ERKENNEN

Leider werden überall vermeintliche »Seidenstoffe« verkauft, die in Wahrheit aus Kunstfasern hergestellt sind. Machen Sie im Zweifelsfall die Feuerprobe mit einem losen Faden: Die erhitzte Kunstfaser schmilzt zu harten Tröpfchen, während die Seide weich wird und zu Asche verbrennt.

Feinste Seide, mit winzigen Stichen in stundenlanger Handarbeit bestickt

Reisterrassen prägen die Landschaft
im Norden Vietnams

TOUREN & SEHENSWERTES

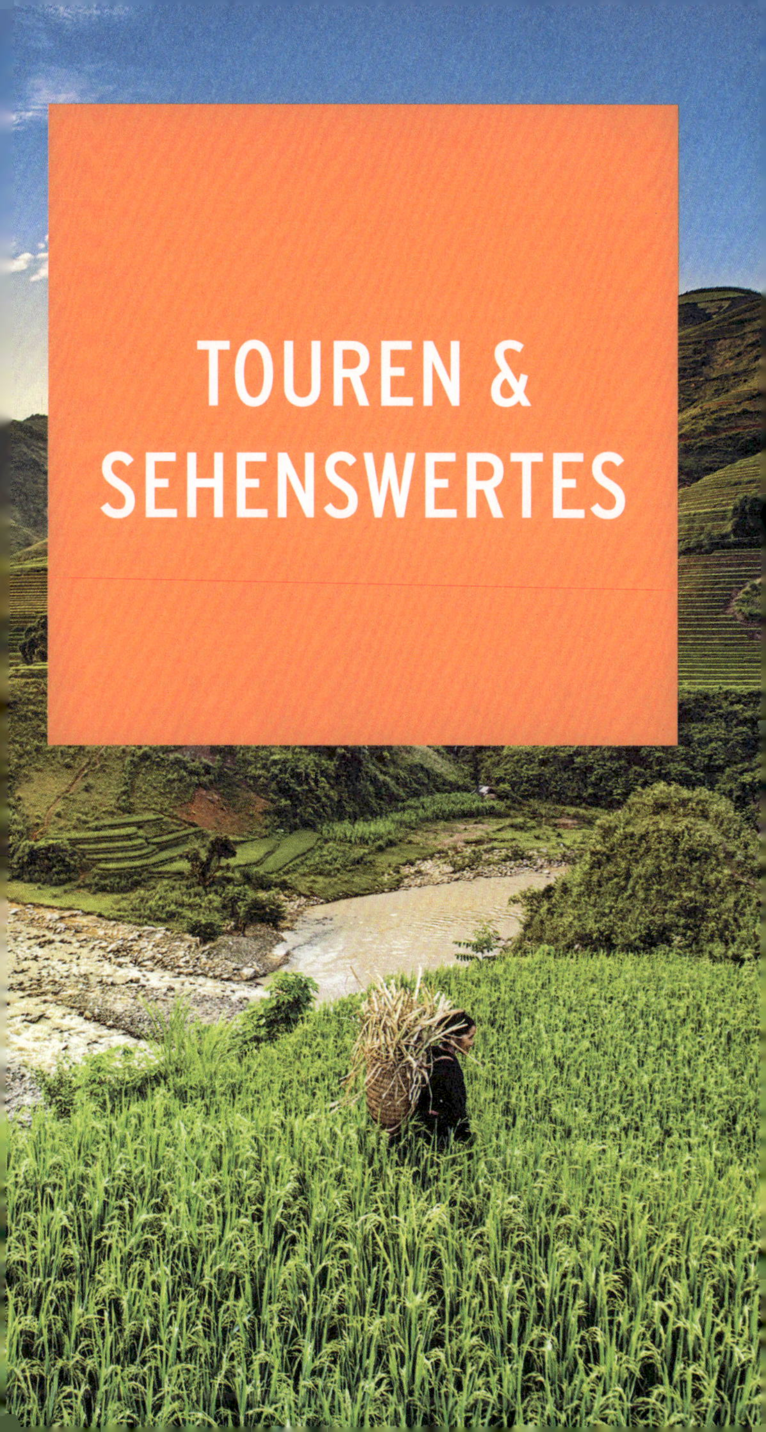

DER NORDEN

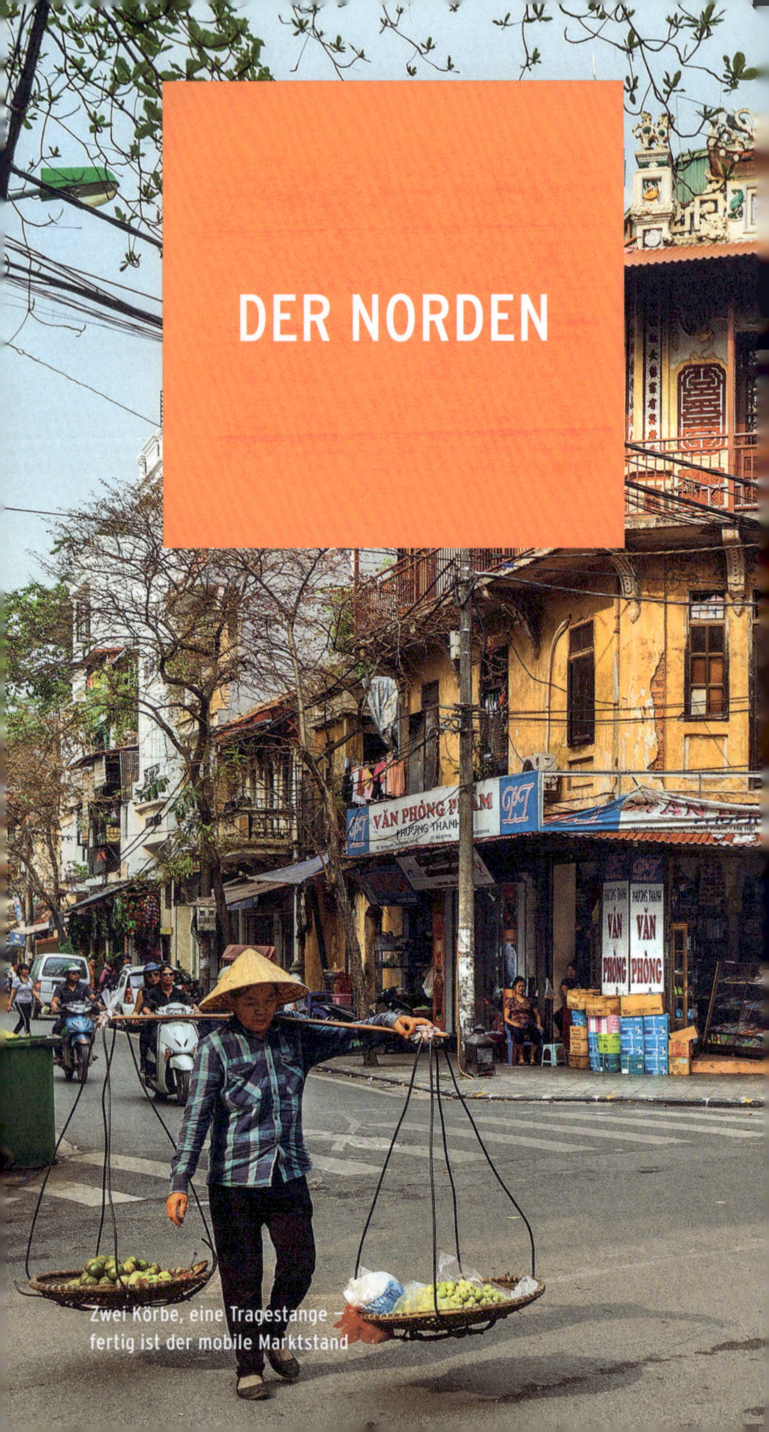

Zwei Körbe, eine Tragestange – fertig ist der mobile Marktstand

Die weiten Ebenen im Roten-Fluss-Delta, eine fantastische Inselwelt, altertümliche Baudenkmäler und zauberhafte Bergwelten ... Reisende im Norden erleben eine bunte Mischung aus Natur und Kultur – und die spannende Metropole Hanoi.

Im Norden zeigt sich Vietnam von seiner ureigensten Seite: Hier trifft man auf Marktfrauen mit den typischen konischen Hüten, strahlende Jungen mit Wasserbüffeln, leuchtend grüne Reisterrassen und bizarr geformte Karsthügel. Gleichwohl bleibt die Zeit nicht stehen. Trotz aller Traditionsverliebtheit drücken die Menschen auf dem Weg in die Zukunft kräftig aufs Tempo. Das ist nicht nur in der Metropole Hanoi zu spüren, sondern auch in kleineren Städten und Dörfern. Überall wird gewerkelt und gebaut, aus alten Staubpisten werden breite Teerstraßen und aus Reisfeldern weitläufige Industriegebiete.

Im Norden kann man sich gut ein bis zwei Wochen aufhalten. Allein um das schmucke **Hanoi** mit seinen Museen, Sakralbauten und Seen, Galerien, Geschäften und der Altstadt zu besichtigen, braucht man mehrere Tage. Zudem verführen die vielen Tempel, Handwerksdörfer und Pilgerziele in der Umgebung zu Ausflügen, z. B. die Thay-Pagode, das Keramikdorf Bat Trang oder der Wallfahrtsort Chua Hong.

Die vier Autostunden östlich von Hanoi gelegene **Ha-Long-Bucht** ist angesichts der eindrucksvollen Inselwelt zu Recht weltberühmt. Zwar bietet Ha-Long-Stadt genügend Hotels, besser ist jedoch die Übernachtung auf einem Boot.

Die Provinzstadt **Ninh Binh,** knapp 100 km südlich von Hanoi, ist ein idealer Ausgangspunkt für den Besuch der sogenannten **Trockenen Ha-Long-Bucht,** wo bizarre Karsthügel wie Zuckerhüte aus den Reisfeldern ragen. Auch der mächtige Dom von **Phat Diem** liegt nicht weit, mit dem sich ein frommer Padre verewigt hat, oder der **Cuc-Phuong-Nationalpark** mit seinen urtümlichen Wäldern.

Eine ganz eigene Welt erschließt sich auf einer Reise in den multikulturellen Nordwesten mit seiner atemberaubenden Berglandschaft. Hier kommen vor allem jene auf ihre Kosten, die gern wandern. Mit Ausnahme des von vielen Reisenden besuchten Städtchens **Sa Pa** ist die touristische Infrastruktur jedoch recht unterentwickelt.

Während das in einem Tal gelegene **Mai Chau** von seiner relativen Nähe zu Hanoi (135 km) profitiert, zieht **Dien Bien Phu** wegen seiner Bedeutung im Ersten Indochinakrieg vor allem historisch Interessierte an. Zwei Dinge sollten beim Besuch des Nordens unbedingt ins Gepäck: gute Bergschuhe für Wanderungen und warme, windfeste Kleidung, denn zwischen November und Anfang März kann es dort sehr kalt werden. Oft zeigt sich der Himmel in diesen Monaten wolkenverhangen.

Karte S. 60

TOUREN IN DER REGION

TOUR 1

INS HERZ DES ROTEN-FLUSS-DELTAS

ROUTE: Hanoi > Ha Long > Ninh Binh > Cuc-Phuong-Nationalpark > Hanoi

KARTE: Seite 60
LÄNGE: 585 km
DAUER: 5 Tage
PRAKTISCHE HINWEISE:

- Für diese Rundtour benötigen Sie einen Wagen mit Fahrer.
- Auf dem Weg von Ha Long nach Ninh Binh können Sie in der Nähe von Nam Dinh einen Stopp an der buddhistischen Chua Pho Minh und den Gedenktempeln der Tran-Dynastie einlegen. Beide Heiligtümer befinden sich direkt an der Nationalstraße 10. Da Ninh Binh an der Bahnstrecke Hanoi–Ho-Chi-Minh-Stadt liegt, können Sie von dort auch mit dem Nachtzug gen Süden weiterreisen und am nächsten Tag in Dong Hoi oder Hue aussteigen.

TOUR-START:

Von **Hanoi** 1 › S. 59 geht es zunächst 165 km in östlicher Richtung nach Ha-Long-Stadt › S. 76, das der Ausgangspunkt für Ausflüge in die weltberühmte **Ha-Long-Bucht** 10 › S. 76 ist. Nach einer ausgiebigen Bootstour bietet sich die Fahrt entlang der Nationalstraße 10 in Richtung Süden nach **Ninh Binh** 14 › S. 78 an (257 km), um von dort aus die **Trockene Ha-Long-Bucht** 15 › S. 79 und andere Sehenswürdigkeiten zu besuchen, etwa die Kathedrale von Phat Diem 18 › S. 80. Weiter geht es zum 45 km nordwestlich von Ninh Binh gelegenen **Cuc-Phuong-Nationalpark** 19 › S. 81 mit seiner reichen Flora und Fauna. Um genügend Zeit für seine Erkundung zu haben, sollten Sie eine Nacht im Gästehaus der Parkverwaltung verbringen. Über eine Seitenstraße und die gut ausgebaute N 1A kommen Sie in drei Stunden wieder in die nur 120 km entfernte Hauptstadt zurück.

TOUR 2

INS NORDWESTLICHE BERGLAND

ROUTE: Hanoi > Mai Chau > Dien Bien Phu > Sa Pa > Hanoi

KARTE: Seite 60
LÄNGE: 1135 km
DAUER: 4–7 Tage
PRAKTISCHE HINWEISE:

- Die Nationalstraßen sind zwar in relativ gutem Zustand, nicht aber die Seitenwege. Daher empfiehlt sich für die einwöchige Rundreise in den bergigen Nordwesten ein robustes Fahrzeug – wie immer mit Fahrer.

- Wenn Sie wenig Zeit haben, können Sie von Hanoi nach Dien Bien Phu fliegen, sich von dort per Mietwagen nach Sa Pa chauffieren lassen und vom nahe gelegenen Lao Cai mit dem Zug nach Hanoi zurückfahren. So ist die Tour in 4–5 Tagen zu schaffen.

TOUR-START:

Die interessante, wenn auch anspruchsvolle Rundreise führt zunächst von Hanoi nach **Mai Chau** 21 › S. 82 (135 km), das in einem lang gestreckten Tal liegt und sich für kleinere Wanderungen anbietet. Bei der Weiterreise ins 324 km entfernte **Dien Bien Phu** 22 › S. 82 empfiehlt sich ein Übernachtungsstopp in Son La. Dien Bien Phu liegt in einer fruchtbaren Ebene und ist nicht nur wegen des berühmten Sieges der Viet Minh über die Franzosen im Jahr 1954 interessant, sondern auch ein guter Ausgangspunkt für Besuche umliegender Dörfer der ethnischen Minderheiten. Die 300 km weite Strecke nach **Sa Pa** 23 › S. 83 führt durch eine der spektakulärsten Berglandschaften Vietnams. Sie wäre zwar an einem Tag zu schaffen, aber auch hier lohnt eine Zwischenübernachtung (etwa in Muong Lay), damit genügend Zeit bleibt. Nach ein paar Outdoor-Tagen rund um Sa Pa geht es entlang des Roten Flusses zurück nach **Hanoi** 1 › S. 59 (376 km) – entweder mit dem Zug ab der Grenzstadt Lao Cai (ca. 8 Std.) oder mit dem Bus über die gute ausgebaute Autobahn (ca. 6 Std.).

VERKEHRSMITTEL

Vom internationalen Noi-Bai-Flughafen nördlich von Hanoi starten Maschinen in die wichtigsten Städte, u. a. ins 500 km entfernte Dien Bien Phu. Die Eisenbahn verbindet die Hauptstadt über die Grenzorte Dong Dang und Lao Cai (45 km von Sa Pa) mit China. Eine weitere Trasse verläuft über Ninh Binh in Richtung Süden. Die Orte in der Umgebung von Hanoi erkundet man am besten per Mietwagen mit Fahrer.

UNTERWEGS IM NORDEN

HANOI 1 ★1 D3

Schattige Boulevards und quirlige Altstadtgassen, mondäne Villen und staatstragende Protzarchitektur – die vietnamesische Hauptstadt ist eine wunderbare, bunte Mischung. Asiatische Emsigkeit geht hier einher mit konfuzianischer Gewissenhaftigkeit; koloniale Anmut vereint sich mit sozialistischer Sachlichkeit. Die 3,6-Millionen-Metropole zeigt sich traditionsverliebt und zukunftstrunken: Sie blickt nach vorn, ohne dabei ihre tausendjährige Geschichte zu vergessen.

Karte S. 64

GESCHICHTE

Als König Ly Thai To 1010 am rechten Ufer des Roten Flusses die Stadt des »Aufsteigenden Drachen«, *Thang Long,* gründete, folgte er dem Vorbild der Song-Kaiser in China. Im Zentrum ließ er seine quadratische Königsresidenz, wörtlich »Gelbe Stadt«, mit den repräsentativen Bauten und, darin eingeschlossen, die »Purpurne Verbotene Stadt« für sich und seine Konkubinen errichten. Um sie herum schmiegte sich wie ein Ring die »Äußere Stadt« mit den Vierteln der Handwerker und Händler. Zum Schutz mussten die nachfolgenden Könige regelmäßig die Deiche und Befestigungsanlangen sichern lassen. Mehrfach umbenannt, heißt die Stadt seit 1831 *Ha Noi,* was »zwischen den Flüssen« bedeutet.

Das heutige Straßenbild ist den Franzosen zu verdanken, die ab 1883 viele Seen zuschütteten, um breite Alleen und vornehme Residenzen anzulegen. 1945 wurde Hanoi wieder Hauptstadt, hatte jedoch unter den Kriegen schwer zu leiden, vor allem während der heftigen US-Bombardierungen 1972. Viele Jahre sozialistische Misswirtschaft führten Hanoi in die Stagnation, doch seit Mitte der 1990er-Jahre erlebt die vietnamesische Hauptstadt einen rasanten Aufschwung.

HOAN-KIEM-DISTRIKT

Zwischen Rotem Fluss und Hoan-Kiem-See erstreckt sich das alte französische Viertel mit einer Reihe repräsentativer Bauten. Darunter ist

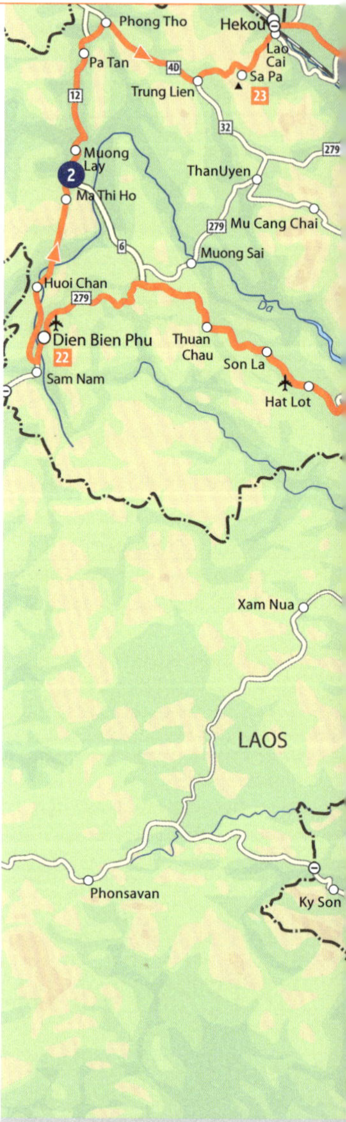

TOUREN IM NORDEN

TOUR 1

INS HERZ DES ROTEN-FLUSS-DELTAS

Hanoi > Ha Long > Ninh Binh > Cuc-Phuong-Nationalpark > Hanoi

TOUR 2

INS NORDWESTLICHE BERGLAND

Hanoi > Mai Chau > Dien Bien Phu > Sa Pa > Hanoi

das 1932 errichtete **Historische Museum** Ⓐ e4, das auf zwei Etagen ideologisch ziemlich gefärbt die Landesgeschichte von der Frühzeit bis zur Unabhängigkeit präsentiert. Zu den bedeutendsten Ausstellungsstücken zählen die Trommeln aus der bronzezeitlichen Dong-Son-Kultur (1 Trang Tien, tgl. 8–12, 13.30–17 Uhr). Schräg gegenüber wird in ähnlicher Weise im alten Zollhaus, jetzt **Revolutionsmuseum** Ⓑ e4, der Befreiungskampf dokumentiert (216 Tran Quan Khai, Di–Sa 8–12, 13.30–16.30 Uhr). Einige Schritte entfernt liegt am Ende der einstigen Flaniermeile Rue Paul Bert, heute **Trang Tien**, die neobarocke **Oper**, 1911 als kleinere, wenngleich sehr prächtige Kopie des Pariser Palais Garnier eröffnet. Das gemütliche Highlands Coffee nebenan lädt zur Einkehr ein.

In der 15 Ngo Quyen taucht rechter Hand die weiße Fassade des **Sofitel Métropole Hanoi** Ⓒ d4 auf. Das Luxushotel zählt seit seiner Eröffnung 1901 zu den ersten Häusern der Stadt. In dessen Bamboo Bar können Sie in kolonialen Erinnerungen schwelgen.

Schräg gegenüber an der Ecke Le Thach/Ngo Quyen liegt ein weiterer Markstein französischer Kolonialarchitektur, die im Jahr 1918 erbaute **Residenz des Gouverneurs von Tongking**, heute ein Gästehaus der Regierung.

An keinem von Hanois zahlreichen Seen hängt das Herz der Vietnamesen so sehr wie am **Ho Hoan Kiem** ★ d3. Eine Legende erklärt den Ursprung des eigentümlichen Namens »See des zurückgegebenen Schwertes« so: Anfang des 15. Jhs. kämpfte der Großgrund-

Der Pavillon auf einer Insel im Hoan-Kiem-See

besitzer Le Loi gegen die chinesischen Besatzer – zunächst erfolglos. Erst als eine goldene Schildkröte ihm ein magisches Schwert überreichte, konnte er die Eindringlinge bezwingen. Bei Le Lois Siegesparade auf dem See erschien die Schildkröte erneut und forderte das Schwert zurück. Ehe Le Loi es sich versah, entschwebte das Schwert und verschwand mit dem Panzertier im See.

Seit dem 19. Jh. erhebt sich auf einer kleinen Insel im See ein Pavillon zu Ehren der Schildkröte. Kurioserweise wurde 1968 ein 250 kg schweres totes Exemplar gefunden, das etwa 400 Jahre alt sein soll. Bis zu ihrem Tod 2016 lebte eine knapp 2 m große Yangtze-Riesenweichschildkröte im See. Vom Nordostufer führt eine rote Holzbrücke auf eine Insel mit dem **Den Ngoc Son** D d3, einem 1865 errichteten Gedenktempel zu Ehren daoistischer Gottheiten. Ihm schräg gegenüber liegt das **Thang-Long-Wasserpuppentheater** E d3 › S. 71, in dem täglich mehrere Vorstellungen stattfinden (57 Dinh Tien Hoang, www.thanglongwaterpuppet.org).

ALTSTADT ★ c/d 3/4

Nördlich des Sees erstreckt sich bis zur Bahnlinie das alte Viertel der Handwerker. Da sie ab dem 15. Jh. in 36 Zünften organisiert waren, nennen die Hanoier den Bezirk noch heute Ba Muoi Sau Pho Phuong, »Stadt der 36 Straßen und Gilden«. Noch im 19. Jh. bildeten die einzelnen Zunftquartiere eine von Mauern umgebene geschlossene Einheit mit eigenem Schutzgeisttempel. Als der übervölkerte Stadtteil aus allen Nähten zu platzen drohte, ließen die Franzosen ganze Viertel abreißen, die benachbarte Zitadelle schleifen und neue Straßenzüge anlegen. 1898 wurde die Bahnlinie fertiggestellt, vier Jahre später die 1,6 km lange Paul-Doumer-Brücke (nun Cau Long Bien) über den Roten Fluss.

Geblieben sind die Straßennamen, die auf die Spezialisierung der einstigen Bewohner hinweisen. Sie beginnen alle mit *hang* für »Ware«, und so kann man von der Hang Non, der Hutgasse, in die Hang Thiec, die Zinngasse, oder in die Hang Dieu, die Pfeifengasse, abbiegen. Heute zeigt die Altstadt kein geschlossenes Bild mehr und die alten, bis zu 80 m tiefen Tunnelhäuser weichen zunehmend mehrstöckigen handtuchschmalen Gebäuden mit wenig Charme.

Ein schöner Spaziergang führt von der Hang Dao gen Norden bis zur Hang Buom, wo Sie im sehenswerten Tempel des Weißen Pferdes, **Den Bach Ma** F c3, das an Göttern reiche Figurenkabinett ansehen können. Folgen Sie der Hang Buom dann gen Osten bis zur links abgehenden Dao Duy Tu. Sie führt zum einzigen erhaltenen **Stadttor** G d2 an der Hang Chieu. In westlicher Richtung mündet diese Straße in die Dong Xuan, wo in der Nähe die **Markthalle** H c2 mit einem gewaltigen Warenangebot liegt. Von dort können Sie direkt oder über weitere Querstraßen zum See zurückkehren. › mehr S. 12 Punkt 1

TRENDVIERTEL NHA THO c4

Das Quartier rund um die katholische **St.-Josephs-Kathedrale** (I) c4 hat sich mit seinen Cafés, Boutiquen und Galerien zu einem echten Trendviertel entwickelt. Ganz besonders schick ist die zum neogotischen Gotteshaus führende Nha-Tho-Straße. Seit 1886 erhebt sich an ihrem Ende die düstere Bischofskirche, deren architektonisches Vorbild unübersehbar die Pariser Kathedrale Notre Dame ist.

An der Nha Tho liegt hinter Häusern versteckt zudem die **Chua Ba Da** (J) c4, eine Oase der Stille. Zu der buddhistischen Pagode führt ein schmaler Weg beim Haus Nr. 3. Der Tempel aus dem 15. Jh. erhielt seinen Namen »Steinerne Großmutter« aufgrund einer Frauenstatue, die beim Bau der Königsstadt

- (A) Historisches Museum
- (B) Revolutionsmuseum
- (C) Sofitel Métropole Hanoi
- (D) Den Ngoc Son
- (E) Thang-Long-Wasserpuppentheater
- (F) Den Bach Ma
- (G) Stadttor
- (H) Markthalle
- (I) St.-Josephs-Kathedrale
- (J) Chua Ba Da
- (K) Literaturtempel
- (L) Museum der schönen Künste
- (M) Zitadelle von Thang Long
- (N) Ho-Chi-Minh-Mausoleum
- (O) Präsidentenpalast
- (P) Holzhaus
- (Q) Einsäulenpagode
- (R) Ho-Chi-Minh-Museum
- (S) Den Quan Thanh
- (T) Chua Tran Quoc
- (U) Ethnologisches Museum
- (V) Frauenmuseum

Phuc Yen
N
0
500 m
Long - Bien - Brücke (ehem. Paul-Doumer-Brücke)
Song Hong
(Roter Fluss)
Ha-Long, Hai Phong
Chuong - Duong - Brücke
Yen Phu
Cua Bac
Quan Thanh
Phung Hung
Hang Dau
Gam Cau
Tran Nhat Duat
Hang Luoc
Dong Xuan
Hang Cot
Hang Chieu
Hang Buom
Hang Vai
ALTSTADT
Ly Nam De
Bat Dan
Hang Bo
Hang Bac
Hang Dieu
Hang Thiec
Hang Non
Hang Dao
Hang Gai
Hang Bong
Ho Hoan Kiem
Tran Nguyen Han
Rathaus
Ly Thai
Tran Quang Khai
Nha Tho
Nha Chung
Le Thai To
Ly Thai-To-Park
ehemalige Gouverneursresidenz
Trang Thi
Quan Su
Hai Ba Trung
Trang Tien
Oper
Le Duan
Bahnhof
Ly Thuong Kiet
Botschafter-Pagode
Tran Hung Dao
Kulturpalast
Ba Trieu
Hang Bai
Ngo Quyen
Phan Chu Trinh
Le Thanh Tong
Quang Trung
Ham Long
Nguyen Du
Ho Thien Quang
Han Thuyen
Tran Nhan Tong
Tran Thanh Tong
Hang Chuoi
Ngo Thi
Hue
Lo Duc
CONG VIEN LE NIN
Lenin Park
Nguyen Cong Tru
Tran Khanh Du
Ho Bay Mau
Ninh Binh
A
B
C
D
E
F
G
H
I
J
V

Kalligraphien von Wünschen wie »Glück« oder »Wohlstand« schmücken viele Häuser

gefunden und hier aufgestellt wurde. Mit den Grabstupas im Hof und den Altären im Inneren strahlt der Tempel eine entrückte Atmosphäre aus.

LITERATURTEMPEL K ★ b4

Nördlich der belebten Quoc Tu Giam erstreckt sich der lang gezogene Komplex des Literaturtempels (Van Mieu). Über 800 Jahre war er Zentrum der konfuzianischen Bildung. 1070 ließ König Ly Thanh Tong zunächst eine Schule für die Prinzen mit einer angeschlossenen Konfuzius-Kultstätte bauen. Sechs Jahre später wurde die Bildungseinrichtung zur Nationalakademie (Quoc Tu Giam) erhoben. 1915 fanden hier die letzten Prüfungen statt.

Die Anlage ist in fünf Innenhöfe mit unterschiedlichen Gebäudekomplexen gegliedert. Zu den Attraktionen zählen ein quadratischer Pavillon aus Holz und die 82 Steinstelen mit den Namen der zwischen 1442 und 1779 erfolgreichen Absolventen. Am Kopfende des vierten Hofs liegen hintereinander eine Zeremonialhalle sowie der Konfuziustempel mit der Statue des Gelehrten und seiner vier bedeutendsten Schüler. Im letzten Hof sind eine Ausstellungshalle und der zweistöckige Khai-Thanh-Tempel zu finden (tgl. 7.30–18 Uhr).

MUSEUM DER SCHÖNEN KÜNSTE L b3

Nördlich des Literaturtempels präsentiert jenseits der Nguyen Thai Hoc das Museum der Schönen Künste traditionelle und moderne Werke. Das Erdgeschoss widmet sich der sakralen Kunst. Interessanter sind die Abteilungen mit Ölgemälden und Lackbildern des 20. Jhs. im ersten Stock und die Seidenmalereien des Expressionisten Nguyen Phan Chanh im zweiten Stock.

Im Seitenbau werden Wechselausstellungen gezeigt (66 Nguyen Thai Hoc, tgl. 8.30–17 Uhr).

ZITADELLE VON THANG LONG M b2/3

Von der 2010 zum UNESCO-Welterbe erklärten Zitadelle ist nicht viel übrig geblieben. Die Könige von Hue brauchten sie nicht, die Franzosen noch weniger. Daher mussten viele Gebäude während der Kolonialzeit Militärbaracken weichen. Zu sehen sind der 1812 errichtete Flaggenturm im südlichen Teil, das U-förmige Südtor, welches in die heute verschwundene Verbotene Stadt führte, das unterbunkerte Politbüro-Gebäude und das Nordtor.

UM DEN BA-DINH-PLATZ b2

Zwischen der Dien Bien Phu und dem Westsee erstreckt sich der Ba-Dinh-Distrikt, ein nobles Stadtviertel mit vielen Kolonialvillen und schattigen Alleen. Hier sind zahlreiche Ministerien und Botschaften angesiedelt, und hier liegt auch der vier Fußballfelder große Ba-Dinh-Platz. Es ist jener Ort, an dem Ho Chi Minh am 2. September 1945 die Unabhängigkeit Vietnams verkündete. So überrascht es nicht, dass gerade an dieser Stelle von 1973–75 das klobige **Ho-Chi-Minh-Mausoleum** N ★ a4 errichtet wurde. Seitdem ruht der einbalsamierte Freiheitsheld in einem gläsernen Sarkophag. Besucher des Museums müssen im Empfangsbereich an der Seitenstraße Chua Mot Cot Taschen

HO CHI MINH

Vom Matrosen zur politischen Ikone – Vietnams bekannteste Persönlichkeit weist einen ungewöhnlichen Lebensweg auf. Auch vier Jahrzehnte nach seinem Tod ist der Mann mit dem dünnen Bart überall präsent. Am 19. Mai 1890 im Dorf Hoang Tru bei Vinh als Nguyen Sinh Cung geboren, besuchte der Sohn eines konfuzianisch gebildeten Dorflehrers ein Elitegymnasium in Hue. 1911 verließ er das Land, verdingte sich für einige Jahre als Matrose und Küchengehilfe, um sich 1917 in Paris niederzulassen. Dort schloss er sich bald unter dem Namen Nguyen Ai Quoc, »Nguyen, der Patriot«, der kommunistischen Bewegung an und siedelte 1923 nach Moskau über, um als Funktionär der Kommunistischen Internationalen den letzten ideologischen Schliff zu bekommen. Im Auftrag der Komintern gründete er 1930 in Hongkong die Kommunistische Partei Vietnams. Anfang 1941 betrat er als Ho Chi Minh, »Ho, der nach Erleuchtung strebt«, erstmalig wieder heimatlichen Boden und gründete die »Liga für die Unabhängigkeit Vietnams«, bekannt als Viet Minh. 1942 von der nationalchinesischen Guomindang inhaftiert, schrieb der Revolutionär im Gefängnis sein berühmtes Tagebuch.

Nach der erfolgreichen Augustrevolution proklamierte er am 2. September 1945 in Hanoi die Unabhängigkeit des Landes und wurde erster Präsident der Demokratischen Republik Vietnam. Doch erst infolge des Sieges in Dien Bien Phu 1954 etablierten sich die Kommunisten endgültig in Hanoi, verfolgten aber die nächsten Jahre eine wirtschaftlich desaströse Enteignungspolitik. 1960 übernahm Ho Chi Minh auch das Amt des Generalsekretärs der Partei und avancierte während des Vietnamkrieges zur Symbolfigur für den antiimperialistischen Kampf. Er starb am 2. September 1969.

und Kameras abgeben. Ärmellose T-Shirts oder Shorts sind nicht erlaubt (April–Sept. tgl. außer Mo und Fr 8–11 Uhr, Dez.–März 7.30 bis 11 Uhr). > mehr S. 17 Punkt 33

Den ockerfarbigen **Präsidentenpalast** O a2 plante der Straßburger C. G. Lichtenfelder. Von 1906 bis 1954 dienten seine 60 prunkvollen Räume französischen Generalgouverneuren als Dienstsitz. Heute wird er für Empfänge genutzt.

Der eher bescheidene Ho Chi Minh wollte übrigens in diesem imperialistischen Protzbau nicht leben: Von 1954 bis 1958 wohnte er in den Dienstgebäuden nebenan, dann zog er in ein bescheidenes **Holzhaus** P a2 um, das idyllisch zwischen alten Mangobäumen und Sumpfzypressen an einem Goldfischteich liegt. Nach dem Vorbild von Häusern vieler Bergvölker ist es auf Stelzen errichtet (tgl. 8–11, 14 bis 16 Uhr, Mo, Fr nur 14–16 Uhr).

EINSÄULENPAGODE UND HO-CHI-MINH-MUSEUM ★

Keine 200 m vom Mausoleum entfernt liegt ein Heiligtum, das trotz aller Schlichtheit ein Wahrzeichen Hanois ist: die **Einsäulenpagode** Q a2. Dabei handelt es sich um einen Holztempel von nur 3 m Seitenlänge, der auf einem Pfeiler aus einem Teich ragt. König Ly Thai Tong stiftete ihn 1049 aus Dankbarkeit für die Geburt seines Thronerben. Der Legende nach erschien dem Herrscher eines Nachts die Göttin der Barmherzigkeit mit einem Kind. Tatsächlich gebar ihm wenig später eine junge Bäuerin, die er zu seiner Konkubine genommen hatte, den lang ersehnten Stammhalter.

Das gewaltig wirkende **Ho-Chi-Minh-Museum** R a2 in der Nähe wurde 1990 zum 100. Geburtstag des hoch verehrten ersten Präsidenten eröffnet und präsentiert dank der Kreativität lokaler Künstler recht anschaulich dessen Lebensstationen vor dem Hintergrund der Weltgeschichte (Di–Do, Sa/So 8–16.30, Mo, Fr 8–12 Uhr).

AM WESTSEE

Der 538 ha große **Westsee** (Ho Tay) b1 war ursprünglich ein Seitenarm des Roten Flusses und schon vor Jahrhunderten ein beliebtes Wohnviertel des Adels. Heute residieren hier kommunistische Parteikader und kapitalistische Neureiche Villa an Villa.

Am Südufer des Sees, an der Thanh Nien/Quan Thanh, liegt hinter schattigen Mangobäumen der **Den Quan Thanh** S ★ b1. Als eines von vier Heiligtümern wurde der Tempel 1010 zum spirituellen Schutz der neuen Hauptstadt errichtet. Das Innere der 1893 erbauten Haupthalle wird von einer 4 m hohen Bronzestatue von Tran Vu dominiert, der als »Herrscher des Schwarzen Himmels« für die Bewachung des Nordens zuständig ist.

Nicht weit entfernt, an der Dammstraße Thanh Nien, lohnt ein Besuch in der **Chua Tran Quoc** T ★ b1, einem auf einer Halbinsel gelegenen Kloster. Seit 1615 residieren hier buddhistische Mönche. Ihre verstorbenen Mitbrüder ruhen auf einem seitlich gelegenen Friedhof mit schönen Grabstupas. Sehenswert sind die Altäre im Inneren mit einer Vielzahl von Figuren sowie ein alter Bodhi-Baum aus dem Jahr 1959 auf dem Vorplatz am See.

ETHNOLOGISCHES MUSEUM Ⓤ

★ a2

Etwa 7 km westlich des Zentrums illustriert an der breiten Nguyen Van Huyen ein zweistöckiger Rundbau das Leben der 54 Volksgruppen Vietnams. Anhand von Videos, Fotos, Alltagsgegenständen und nachgestellten Szenen gewährt es einen umfassenden Einblick in Sitten und Gebräuche der Menschen.

Im Freigelände können Besucher die Bautraditionen verschiedener ethnischer Minderheiten studieren, darunter ein über 100 Jahre altes vietnamesisches Wohnhaus, ein Langhaus der Ede und ein Gemeindehaus der Bahnar aus dem Zentralen Hochland mit dem sehr markanten Segeldach. Außerdem werden einige Grabstätten der Gia Rai gezeigt (Di–So 8.30–17.30 Uhr).

FRAUENMUSEUM Ⓥ d4

Das Museum an der 36 Ly Thuong Kiet porträtiert zum einen die berühmtesten Widerstandskämpferinnen Vietnams und beleuchtet zum anderen die gesellschaftliche Rolle der Frau. Dazu dient auch die Fotogalerie von Frauen in unterschiedlichen Rollen. Sehr schön ist die Trachtensammlung der 54 Volksgruppen (Di–So 8–17 Uhr). › mehr S. 16 Punkt 27

INFO

Tourist Information Center

Gute Informationsquelle für Fragen aller Art.

- 7 Dinh Tien Hoan
  Tel. 024/39 26 33 66

ANREISE

Der Noi Bai International Airport befindet sich rund 45 km nördlich der Stadt. Die Taxi-Preise liegen einheitlich bei 16–18 $ für Ziele in der Innenstadt. Am günstigsten sind die Minibusse von Vietnam Airlines zwischen Terminal und Stadtbüro am Hoan-Kiem-See. Sie fahren vom Flughafen ab, wenn sie voll besetzt sind; vom Stadtbüro verkehren sie halbstündlich oder stündlich, Tickets sollte man dort einen Tag vorher kaufen.

Vietnam Airlines

- 25 Trang Thi, Hoan Kiem
  024/62 70 02 00
  Hotline: 19 00 11 00

REISEBÜROS

Die folgenden Veranstalter legen Wert auf Qualität und Nachhaltigkeit:

Haivenu

- 12 Nguyen Trung Truc
  Tel. 024/39 27 29 17
  www.haivenu-vietnam.com

Buffalo Tours

- 70–72 Ba Trieu
  Hoan Kiem
  Tel. 024/38 28 07 02
  www.buffalotours.com

Handspan Adventure Travel

- 78 Ma May | Hoan Kiem
  Tel. 024/39 26 28 28
  www.handspan.com

Im Wasserpuppentheater

STADTTOUREN

Hanoi Kultour

Stadtspaziergänge mit einem lokalen, deutschsprachigen Team um Christian Oster. Es werden auch mehrtägige Reisen und ein Aufenthalt bei einem Bauern auf dem Land arrangiert.

- 283/25 Doi Can
  Tel. 024/32 32 11 25
  www.hanoikultour.com

Hanoi Free Tour Guides

- Hanoifreetourguides@gmail.com
  www.hanoifreetourguides.com

HOTELS

Wer gerne zentral wohnt, sollte sich ein Hotel in der Altstadt wählen.

Hilton Hanoi Opera €€€

Kolonialer Touch, aber neu und zentral. Hebt sich durch seine Farben und Einrichtung vom üblichen Hotel-Einerlei ab.

- 1 Le Thanh Tong
  Tel. 024/39 33 05 00
  www.hilton.de

Sofitel Métropole €€€

262 stilvolle Zimmer. Wo einst Charlie Chaplin logierte, können Sie in kolonialem Luxus schwelgen.

- 15 Ngo Quyen | Tel. 024/38 26 69 19
  www.sofitel.com

Zéphyr Hotel €€€

Tolles Designerhotel in der Nähe des Hoan-Kiem-Sees mit modernen Einrichtungen.

- 4 Ba Trieu | Tel. 024/39 34 12 56
  www.zephyrhotel.com.vn

Church Hotel €€

Unweit der Kathedrale gelegenes Boutiquehotel mit 26 wohnlichen Zimmern. Sehr beliebt.

- 9 Nha Tho | Tel. 024/39 28 81 18
  www.churchhotel.com.vn

Hong Ngoc Dynasty Hotel €€

Stilvolle Zimmer, guter Service und zentrale Lage inmitten der Altstadt.

- 30-34 Hang Manh
  Tel. 024/38 28 50 53
  www.hongngochotel.com

Quoc Hoa Hotel €€
Hübsches Altstadthotel mit 46 modernen Zimmern und Dachrestaurant mit Ausblick.
- 10 Bat Dan | Tel. 024/38 28 45 28
  www.quochoahotel.com

Viet House €€
Boutiquehotel mit freundlichem Personal im Herzen der Altstadt.
- 23 C Hang Hanh
  Mobil-Tel. 098/806 18 11
  www.viethouse.org

RESTAURANTS

Cay Cau €€€
Das Restaurant mit erlesener vietnamesischer Küche in stilvollem Ambiente zu traditionellen Klängen verspricht einen schönen Abend.
- De Syloia Hotel | 17 A Tran Hung Dao
  Tel. 024/39 33 10 10

Verticale Restaurant €€€
Hanois Haute-Cuisine-Tempel in einer Villa aus den 1940er-Jahren unter der Obhut des Meisterkochs Didier Corlou.
- 19 Ngo Van So
  Tel. 024/39 44 63 17
  www.verticale-hanoi.com

Koto €€
Einstige Straßenkinder arbeiten hier als Köche und zaubern wunderbare westliche und asiatische Gerichte. Die Dachterrasse bietet schöne Ausblicke.
- 59 Van Mieu
  Tel. 024/37 47 03 37
  www.koto.com.au

The Hanoi Social Club €€
Kleines, etwas verstecktes Café mit gutem Kaffee und Kuchen.
- 6 Hoi Vu | Tel. 024/39 38 21 17

WASSERPUPPENTHEATER

Es ist weltweit einmalig und lustig obendrein. Feuer speiende Drachen und turtelnde Phönixe, Reis pflanzende Bauern und tanzende Schönheiten – das berühmte Wasserpuppentheater verbindet technische Kunstfertigkeit und volkstümliche Theatralik. Hinter einem Bambusvorhang verborgen stehen die Spieler bis zu den Hüften im Wasser und führen die einzeln oder als Gruppe montierten Puppen an Bambusstäben. Sie bleiben für die Zuschauer ebenso unsichtbar wie die befestigten Fäden zum Bewegen der Körperteile. Währenddessen geben die Musiker auf den traditionellen Instrumenten ihr Bestes und unterlegen die Szenen mit dramatischen Tönen und Sprechgesang.

Bereits im 11. Jh. berichteten Reisende über solche Vorstellungen an Adelshöfen. Dass dieses Puppenspiel vor allem im Volk populär wurde, verdankt es den Aufführungen bei den zahlreichen Tempelfesten im Roten-Fluss-Delta und den derb-fröhlichen Geschichten.

Die Meister gaben ihren Schülern die Texte und Spieltechnik nur mündlich weiter. Zu den herausragendsten Lehrern zählt der Mönch Tu Dao Hanh (12. Jh.) von der Chua Thay unweit von Hanoi. Nach jahrzehntelanger Vernachlässigung erfreut sich das Puppenspiel heute vor allem bei Touristen großer Beliebtheit > **S. 63**.

Karte S. 64

Bun Bo Nam Bo €

Hierher kommt man nicht fürs abendliche Fine Dining: Das Ambiente ist eher schlicht. Im Bun Bo Nam Bo geht es um die namensgebenden Nudelgerichte *(bun)* mit Rind *(bo)* – und die sind super lecker. > **mehr S. 14 Punkt ⓳**

- 67 Hang Dieu
  Tel. 024/39 23 07 01

Cha Ca Thang Long €

Einfache Traditionsgaststätte mit nur einer Spezialität: *cha ca*, gegartes mariniertes Fischfilet, gewürzt mit Dill, Kurkuma und Galgant.

- 31 Duong Thanh | Tel. 024/38 24 51 15

Manzi Art Space Café-Bar €

Künstlertreff in einer Kolonialvilla mit Ausstellungen, entspannter Musik und angeschlossenem Café.

- 14 Phan Huy Ich | Tel. 024/37 16 33 97

SHOPPING

54 Traditions

Tolle Auswahl hochwertigen Kunsthandwerks der 54 Volksgruppen Vietnams.

- 30 Hang Bun | Tel. 024/371 50 94
  www.54traditions.com.vn

Craft Link

Kunsthandwerk und Webarbeiten der ethnischen Minderheiten.

- 43–51 Van Mieu
  Tel. 024/37 33 61 01

Minh Tam

Eine der ersten Adressen für schöne Lackarbeiten.

- 2 Hang Bong | Tel. 024/38 28 99 07

Weitere Tipps zum Shopping in Hanoi > **Seitenblick S. 51.**

NIGHTLIFE

In Hanois Altstadt gibt es eine rührige Kneipenszene. Beliebte Adressen:

Mao's Red Lounge

(benannt nach dem Eigentümer Mao)

- 7 Ha Tien

Funky Buddha

Dass Sie nach einigen Drinks die Erleuchtung erlangen, ist nicht garantiert.

- 2 Ha Tien

Binh Minh Jazz Club

Eine gute Adresse für Jazzfans. Hier demonstrieren Altmeister Quyen Van Minh und seine Freunde ihre Improvisationskünste.

- 1 Trang Tien | Tel. 024/39 33 65 55

Polite Pub

Der Name ist Programm – Bier und Snacks in netter Atmosphäre.

- 5 B Ngo Bao Khanh
  Tel. 024/38 25 09 59

Hanoi Rock City

Mit einem Open-Air-Bereich und zwei Bars zählt er zu den angesagtesten Musikklubs von Hanoi. Viele Gast-DJs.

- 27/52 To Ngoc Van

AKTIVITÄTEN

Ho Tay Lake Water Park

Der Freizeitpark am Nordufer des Westsees bietet Wasserspaß für die ganze Familie.

- 614 Lac Long Quan

Exo Travel

Geführte abendliche Touren mit der Vespa durch die Gassen von Hanoi.

- 66 A Tran Hung Dao
  Tel. 024/38 28 21 50
  www.exotravel.com

AUSFLÜGE AB HANOI

Hanoi ist eingebettet in eine jahrtausendealte Kulturlandschaft. Auch wenn die Region ziemlich zersiedelt ist, lässt sich noch vielerorts das traditionelle Vietnam aufspüren. Dämme und Kanäle erinnern an die Mühe, den fruchtbaren Boden landwirtschaftlich zu nutzen. Viele Dörfer wirken mit ihren Hecken und Mauern wie Trutzburgen. Die Tempel und Klöster wiederum zeugen von der tiefen Verwurzelung von Religion und Tradition im Land.

GANZTAGSAUSFLUG NACH WESTEN

Eine interessante Tagestour führt von Hanoi gen Westen ins geschichtsträchtige Dorf Duong Lam, der Heimat von Helden und Heiligen. Von dort geht es weiter zu den berühmten buddhistischen Klöstern Chua Tay Phuong und Chua Thay. Am besten mieten Sie sich einen Wagen mit Fahrer und Guide.

DUONG LAM 2 ★ D3

In der Nähe von Son Tay, etwa 50 km nordwestlich von Hanoi, liegt die Gemeinde Duong Lam. Sie ist Heimat von zwei berühmten Helden, Phung Hung und Ngo Quyen, die beide erfolgreiche Rebellionen gegen die Chinesen anführten. Ihnen sind im Weiler **Cam Lam** unweit des Tich-Flusses Gedenktempel errichtet. Der Ortsteil **Mong Phu** ist vor allem deshalb interessant, weil hier viele, zum Teil mehrere Hundert Jahre alte Wohnhäuser unter Denkmalschutz stehen. Einige der durch hohe Lateritmauern geschützten Gebäude können besichtigt werden. Sehenswert ist dort auch der Dinh Mong Phu, eine 1638 erbaute Versammlungshalle. › mehr S. 15 Punkt 24

Wenige Kilometer weiter, in Dong Sang, lohnt der Besuch der 1632 erbauten **Chua Mia**. Die berühmte Pagode birgt in ihrem Inneren 287 Figuren. Auch lohnt sich ein Abstecher zum **Dinh Day Tang**, nur 5 km nordwestlich von Duong Lam. In der Versammlungshalle aus dem späten 16. Jh. sind die vielen Holzschnitzereien gut erhalten.

CHUA TAY PHUONG 3 ★ D3

Im Kreis Thach That, 42 km westlich von Hanoi, liegt auf einem Hügel die »Pagode im Westlichen Land des Vollkommenen Glücks«. Ihre Ursprünge gehen auf das 11./12. Jh. zurück, ihre heutige Gestalt hat sie aber erst im 18. Jh. angenommen.

Bäuerin bei Duong Lam

Die gesamte Anlage ist von einer hohen Mauer umgeben. Der Grundriss des eigentlichen Tempels gleicht einem liegenden H. Besonders eindrucksvoll sind die geschwungenen zweistufigen Walmdächer. Es sind aber vor allem die über 60 Statuen in ihrem Inneren, welche die Chua Tay Phuong zu einem der bekanntesten Heiligtümer des Nordens werden ließen. Von großer Kunstfertigkeit zeugen im hinteren Tempelbereich die zehn streng dreinblickenden Höllenkönige und die lebensgroßen, sehr lebendig wirkenden Nachfolger Buddhas (La Han). › mehr S. 17 Punkt 29

CHUA THAY 4 ★ D3

Etwa 10 km östlich der Chua Tay Phuong liegt im Distrikt Quoc Oai die »Pagode des Meisters«. Ihr Name bezieht sich auf den wundertätigen Mönch Tu Dao Hanh aus dem 12. Jh., der hier lebte und als Meister der Meditation, Magie und Heilkunde berühmt wurde. Zudem machte er das Wasserpuppentheater populär. Die Anlage ist besonders schön in die natürliche Umgebung eingebettet: Der 105 m hohe Karsthügel in ihrem Rücken wird als schützender Drache interpretiert, mit der Pagode als Kopf, dem abfallenden Hals, dem ansteigenden Körper und dem Schwanz auf der anderen Seite des Sees. Der Vorplatz des Tempels stellt dabei die Zunge dar, die beiden 1602 errichteten überdachten Holzbrücken sind die Augen des Drachen.

Die drei jeweils etwas erhöht hintereinander liegenden Hallen bergen zahlreiche Skulpturen.

CHUA HUONG 5 ★ D3

Ein weiterer Tagesausflug führt zum bedeutendsten Pilgerziel Nordvietnams, der 60 km südlich von Hanoi gelegenen »Parfümpagode«. Der Name ist irreführend, denn es handelt sich nicht um ein einzelnes Heiligtum, sondern um mehrere Tempel und Grotten rund um den 381 m hohen »Berg der Wohlriechenden Spur«, Huong Tich Son. Zwischen Februar und April ist Pilgersaison. Ausgangspunkt ist das Dorf **Ben Duc** am schmalen Yen-Fluss, wo zahlreiche Bootsführerinnen um Kundschaft buhlen. Halb rudernd, halb Souvenirs verkaufend, befördern sie ihre Passagiere in einer knappen Stunde durch eine pittoreske Karstlandschaft.

An der Hauptanlegestelle Ben Tro können Sie einen Blick in die **Chua Thien Tru** werfen, bevor es über einen mühsamen Pfad zum Grottenheiligtum **Hang Huong Tich** geht. Der 2 km lange Weg ist teilweise steil und bei feuchtem Wetter glitschig. Festes Schuhwerk und eine gute Kondition sind daher erforderlich. Alternativ können Sie sich per 1200 m langer Kabinenseilbahn in die Höhe bringen lassen. Die Landschaft ist zauberhaft, die Grotte dagegen weniger.

HANDWERKSDÖRFER UND DIE CHUA BUT THAP ★

Eine weitere abwechslungsreiche Tagestour führt ins östliche Umland Hanois. Erste Station ist das 13 km von Hanoi entfernte Keramikdorf **Bat Trang** 6 D3 am Ostufer des Roten Flusses. Schon im 12. Jh.

Der Blick über die Ha-Long-Bucht hat zu jeder Stunde seinen eigenen Reiz

wurde der helle Lehmboden für die Herstellung von Keramik verwendet. Technik und Design stammen aus dem südchinesischen Guangdong. Heute reiht sich ein Laden mit Bergen von weißblauem Keramikgeschirr neben den anderen.

Im Ort Phu Thuy biegt eine Landstraße von der Nationalstraße 5 in Richtung Norden ab und führt an Reisfeldern und Gräbern vorbei. Bei dem Dorf Dinh To liegt unweit des eingedeichten Duong-Flusses die **Chua But Thap** 7 D3. Von Weitem eher unscheinbar, birgt die 1646/47 für zwei chinesische Mönche errichtete »Pagode des Pinselturms« in ihren Hallen hervorragende Figuren, allen voran die 2,40 m große Holzskulptur der Göttin der Barmherzigkeit von 1656. Eine Steinbrücke führt zu einer Halle mit einer fast 8 m hohen Gebetsmühle, der letzten dieser Art in Vietnam. Die Grabstupas der beiden chinesischen Mönche befinden sich außerhalb der ummauerten Anlage.

Von der Chua But Thap ist es nicht weit bis zum Künstlerdorf **Dong Ho** 8 D3, das aufgrund der hier gefertigten Neujahrsbilder landesweit bekannt ist. Dabei handelt es sich um kolorierte Holzschnitte mit Glücksmotiven wie kugelrunde Schweine und prächtige Fische. Heute produzieren die Familienbetriebe vorwiegend Opfergaben aus Papier.

CO LOA 9 D3

Nur für besonders Geschichtsinteressierte lohnt der Ausflug nach Co Loa, gut 20 km nördlich von Hanoi. Der Ort war im 3. Jh. v. Chr. Hauptstadt des ersten vietnamesischen Reiches Au Lac. Drei der Landschaft angepasste ovale Wälle umgaben die Siedlung und sind von einem Dorftor aus noch zu erahnen. Sehenswert sind mehrere Sakralbauten, darunter der **Den An Duong** zu Ehren des Reichsgründers, sowie das in der Nähe liegende Gemeinschaftshaus **Dinh Ngu** und hinter einem riesigen Banyanbaum der winzige **Den My Chau** zum Gedenken an eine Königstochter.

HA-LONG-BUCHT 10 2 E3

Keine Landschaft wird so mit Vietnam identifiziert wie die **Ha-Long-Bucht**. Fast 2000 Inseln liegen in einem 1553 km² großen Gebiet an der Grenze zu China verstreut und wirken wie eine Ode der Natur aus Fels und Meer. Ein Teil davon ist UNESCO-Welterbe. Eine Drachenmutter sei hier mit ihren Kindern vom Himmel niedergegangen, erzählt die Legende, um mit ausgespuckten Perlen chinesische Eindringlinge zu vertreiben. Die Perlen versteinerten zu Inseln, den heutigen Karstkegeln. Der Ort, wo die Mutter landete, war Ha Long (»herabsteigender Drache«), der Landeplatz ihrer Kinder die benachbarte Bucht **Bai Tu Long** (»beteiligte Drachen-Kinder«).

Die Wissenschaft hat allerdings eine ganz andere Erklärung für die Entstehung dieser Landschaft, nämlich Verkarstung. Denn hier lag einst ein Urmeer, dessen Grund von Muschelkalkablagerungen bedeckt war. Als der Meeresboden vor etwa 30–50 Mio. Jahren angehoben und trockengelegt wurde, begann aufgrund hoher Temperaturen und Luftfeuchtigkeit ein Verkarstungsprozess. Der Grund wurde löchrig wie ein Schweizer Käse und begann immer weiter zu verwittern – bis eine Landschaft mit zahllosen bizarren Karstkegeln entstand, die seit der letzten Eiszeit vor 30 000–40 000 Jahren von Meeresfluten umspült werden.

HA-LONG-STADT 11 E3

Ausgangspunkt für die halb- oder mehrtägigen Touren sind die Anlegestellen im Stadtteil **Bai Chay**, an dessen Berghang und Uferpromenade sich viele Hotels und Restaurants verstreuen. Die vorgelagerte Insel **Tuan Chau** hat sich mit Hotels, einem Freizeitpark und einem künstlich aufgeschütteten Strand ganz dem Tourismus verschrieben. Jenseits einer Meerenge liegt das über eine Brücke mit Bai Chay verbundene **Hong Gai**. Dieser Stadtteil bietet außer dem lebendigen Markt und einem Kloster am Fuß des Nui Bai Tho mit toller Aussicht kaum Sehenswürdigkeiten. Von seinem Hafen wird die im Tagebau gewonnene Steinkohle verschifft.

BOOTSAUSFLÜGE IN DER BUCHT

Die Touren in der Bucht können am Pier gebucht werden und verlaufen auf festgelegten Routen. Sie beinhalten den Halt bei einer Insel, wo bunt beleuchtete Tropfsteinhöhlen und Grotten besichtigt werden können – etwa auf Dau Go oder Bo Hon. Arrangieren Sie den Ausflug (einschließlich Transfer von Hanoi) besser vorab über einen erfahrenen Veranstalter. Naturliebhaber können die Ha-Long-Bucht auch per

Seekajak erkunden. Sie paddeln durch die Insellandschaft, in nur bei Ebbe zugängliche Höhlen und kommen bei mehrtägigen Touren auch in sehr abgelegene Gegenden.

Veranstalter für Boots- und Kajaktouren › rechts.

INFO

Tourist Wharf

Buchung von Ausflugsbooten.

- Bai Chay | Tel. 0203/384 74 81
  www.halong.org.vn

HOTELS

Novotel Ha Long Bay €€€

Schickes Hotelhochhaus mit 214 Zimmern, Pool und gutem Ausblick.

- 160 Ha Long Rd. | Bai Chay
  Tel. 0203/384 81 08
  www.novotelhalong.com.vn

Paradise Suites Hotel €€€

Gediegenes Hotel mit Jachthafen, eigenem Strand in der Nähe, diversen Restaurants und gutem Spa.

- Paradise Town | Tuan Chau
  Tel. 0203/381 50 88
  www.halongparadisesuites.com

Viethouse Lodge €€

Das stilvolle Gästehaus mit rustikalen Zimmern und schönem Blick auf die Bucht liegt idyllisch auf der Tuan-Chau-Insel. Arrangiert interessante Ausflüge.

- Tuan Chau | Tel. 0203/384 22 07

RESTAURANTS

Jede Menge einfacher Seafood-Lokale reihen sich an der Uferstraße unweit der Post. Empfehlenswert ist das **Royal Restaurant** im Royal Park Resort (gegenüber dem Heritage Hotel).

AKTIVITÄTEN

Folgende Veranstalter bieten komfortable Bootstouren an:

Emeraude Classic Cruises

- T 7 Villa | Tuan Chau Marina
  Tuan Chau
  Tel. 0214/33 84 22 18
  www.emeraude-cruises.com

Adressen für Ausflüge mit dem Seekajak:

Bhaya Cruises

- 47 Phan Chu Trinh | Hanoi
  Tel. 024/39 44 67 77
  www.bhayacruises.com

Inserimex Travel

- 125 Bui Thi Xuan | Hanoi
  Tel. 024/39 36 46 04
  www.inserimextravel.com.vn

Buffalo Tours

- 70–72 Ba Trieu | Hanoi
  Tel. 024/38 28 07 02
  www.buffalotours.com

HAI PHONG 12 E3

Ein Besuch der 75 km südlich von Ha Long gelegenen, von den meisten Touristen links liegen gelassenen Hafenstadt lohnt sich insbesondere in Verbindung mit einer Bootsfahrt zum Cat-Ba-Archipel.

Die Franzosen bauten die Stadt am Verbotenen Fluss (Song Cua Cam) nach ihrer offiziellen Gründung 1888 zum typischen Kolonialhafen aus, um ihre geliebten Citroëns und Bordeauxweine ein- sowie Kohle, Holz und andere Rohstoffe auszuführen.

Der Hafen war im Krieg Ziel französischer und amerikanischer

Bomben. Heute ist Hai Phong mit etwa 750 000 Einwohnern Vietnams viertgrößte Stadt, hat sich aber im Zentrum noch etwas kolonialen Charme bewahrt.

Sehr sehenswert ist der **Blumenmarkt** auf einem breiten Platz zwischen Tran Hung Dao und Tran Phu, gegenüber der cremefarbenen **Oper** von 1904. Zu den schönsten Versammlungshäusern der Region zählt der **Dinh Hang Kenh** (1856) mit hervorragenden Schnitzarbeiten im Inneren. Die buddhistische **Chua Du Hang** (17. Jh.) ist eine lebendige Klosteranlage mit vielen Figuren im Inneren und im Garten. Beide liegen in den jeweils nach ihnen benannten Straßen.

HOTEL

AVANI Hai Phong Harbour View €€

Äußerst stilvolle Unterkunft am Rande des Zentrums. Im Restaurant serviert man internationale Küche.

- 4 Tran Phu | Tel. 0225/382 78 27
  www.avanihotels.com/haiphong

CAT BA 13 ★ E3

Mit dem täglichen Schnellboot gelangt man in nur anderthalb Stunden zum Cat-Ba-Archipel. Ein Teil der Hauptinsel ist zum **Nationalpark** erklärt worden und Lebensraum seltener Bäume und Tiere, darunter des nur hier heimischen Goldkopflangurs. Mehrere Wanderwege führen durch das Schutzgebiet. An der Südküste liegt der Hauptort mit zahlreichen Minihotels und Restaurants (an Wochenenden besser meiden!).

HOTEL

Sunrise Resort €€€

Komfortables Strandresort am Hang mit 38 geschmackvollen Zimmern und großem Pool.

- Cat Co 3 Beach
  Tel. 0225/388 73 60
  www.catbasunriseresort.com

NINH BINH 14 D4

Falls Sie von Ha Long (257 km) oder Hai Phong (197 km) auf der Nationalstraße 10 nach Ninh Binh fahren, lohnt sich ein Stopp bei Nam Dinh, um die buddhistische **Chua Pho Minh** aus dem Jahr 1262 und den **Den Tran** zum Gedenken an die Tran-Dynastie zu besuchen.

Außerdem bietet sich ein Abstecher zur **Chua Keo** (17. Jh.) mit ihrem berühmten Glockenturm aus Holz an. Sie liegt etwa 10 km südlich von Thai Binh im Vi-Tien-Distrikt am Fuß eines Deiches.

Die Provinzstadt **Ninh Binh** selbst liegt knapp 100 km südlich von Hanoi. Der 120 000-Einwohner-Stadt fehlt es an jeglichem Charme, da gesichtslose Bauten das einst vom Krieg zerstörte Stadtbild dominieren. Dafür eignet sie sich gut als Ausgangspunkt für mehrere Sehenswürdigkeiten in der Umgebung: den Dom von Phat Diem, ein Juwel sakraler Baukunst, und den waldreichen Cuc-Phuong-Nationalpark mit seiner vielfältigen Flora. In unmittelbarer Nachbarschaft liegt außerdem die Trockene Ha-Long-Bucht mit ihren verträumt wirkenden Karstbergen inmitten der Reisfelder.

Die Trockene Ha-Long-Bucht mit ihren bizarren Karsthügeln zählt zum UNESCO-Welterbe

ANREISE

Ninh Binh liegt an der Bahnstrecke Hanoi–Ho-Chi-Minh-Stadt; täglich bestehen mehrere Verbindungen in beide Richtungen. Mit dem Auto sind Sie über die Nationalstraße 1 von Hanoi aus je nach Verkehr 2–3 Std. unterwegs.

HOTELS

The Vancouver Hotel €–€€
Zentral gelegenes und engagiert geführtes Gästehaus mit 12 wohnlichen Zimmern, die oberen mit Ausblick auf die Stadt. Arrangiert auch Touren.
- Luong Van Tuy
  Tel. 0229/389 32 70
  www.thevancouverhotel.com

Thuy Anh Hotel €–€€
Sympathisches Stadthotel mit sauberen, komfortablen Zimmern. Der Roof Top Garden bietet Ausblicke auf die Stadt.
- 55 A Truong Han Sieu
  Tel. 0229/387 16 02
  www.thuyanhhotel.com

TROCKENE HA-LONG-BUCHT 15 ★3 D3

Nur 12 km nordwestlich von Ninh Binh liegt die einstige Königsstadt Hoa Lu inmitten einer Karstlandschaft, die aufgrund ihrer Größe und Schönheit »Trockene Ha-Long-Bucht« genannt wird. Um dieses einmalige Naturwunder zu schützen, wurden die Gebiete bei Tam Coc, der Bich-Dong-Pagode und Trang An 2014 in die UNESCO-Welterbeliste aufgenommen.

Dass von hier aus im 10. Jh. die Herrscher der Dinh- und frühen Le-Dynastien das »Reich der Großen Viet« (Dai Co Viet) lenkten, ist dem ländlichen Ort mit den sattgrünen Reisfeldern und bizarren Erhebungen nicht anzusehen. Eine überdachte Ausgrabungsstätte birgt die wenigen Fundamentreste des vermuteten Palastes. Ansonsten vermitteln nur zwei Gedenktempel aus dem 17. Jh. einen Hauch von monarchischem Glanz: der Den Tho Vua Dinh Tien Hoang mit Statuen des Königs und dessen Sohn sowie einen Steinwurf entfernt der ähnlich gestaltete Den Le Dai Hanh. Ein schöner Panoramablick eröffnet sich vom nahen »Sattelberg«, **Nui Ma Yen.**

Von einem Weiler bei Ninh Hai, 7 km südwestlich von Ninh Binh, können Sie sich mit geflochtenen Ruderbooten entlang des flachen Ngo-Dong-Flusses an Reisfeldern und Karstbergen vorbei rudern lassen. Die insgesamt zwei- bis dreistündige Fahrt führt durch drei Höhlen, **Tam Coc** genannt, hinter denen hartnäckig-freundliche Souvenirverkäuferinnen lauern. Starten Sie unbedingt früh nach Tam Coc, um den Tagestouristen aus Hanoi zuvorzukommen. Ins Handgepäck gehören bei dieser Tour Sonnen- oder Regenschutz.

Nur 2 km von Ninh Hai entfernt bietet sich der Besuch der wunderschön gelegenen **Chua Bich Dong** (17. Jh.) an. Die Klostergebäude schmiegen sich hinter einem Lotosteich auf drei Ebenen an den Berg Nga Nhac Son. Von oben eröffnet sich ein wunderbarer Ausblick auf die Landschaft.

Am schönsten lässt sich die Trockene Ha-Long-Bucht mit dem Fahrrad erkunden. Die gut 30 km lange Rundtour führt von Ninh Binh in Richtung Nordwesten nach Hoa Lu. Von dort verläuft eine schmale geteerte Straße durch eine idyllische Karstlandschaft gen Süden, bis sie nach etwa 12 km in die breite Zufahrtsstraße nach Van Lam mündet, wo die Bootstouren nach Tam Coc starten. Diese breite Straße müssen Sie zurück bis zur N 1A fahren und sich dann nach Norden in Richtung Ninh Binh wenden. Fahrräder werden in den meisten Unterkünften verliehen. › mehr S. 12 Punkt 2

TRANG AN 16 D4 UND VAN LONG 17 D4

Eine weitere attraktive Bootstour lässt sich etwa 6 km nordwestlich von Ninh Binh bei Trang An unternehmen, wo Besucher in 2–3 Std. mit flachen Booten durch eine wunderschöne Karstlandschaft gerudert werden.

Auch im 23 km nordwestlich von Ninh Binh gelegenen Landschaftsschutzgebiet Van Long führt eine Ruderpartie (1,5 Std.) durch eine pittoreske Karstlandschaft. Mit Glück kann man an den schroffen Karstfelsen endemische Delacour-Languren erblicken.

PHAT DIEM 18 ★ D4

In Kim Son, 28 km südöstlich von Ninh Binh, hat sich der Priester Père Six mit dem Dom von Phat Diem seinen Lebenstraum erfüllt. Die Straße führt durch eine »holländisch anmutende Landschaft, wo junge grüne Reissprösslinge und goldene Erntefelder den Platz der Tulpen einnehmen und Kirchen jenen der Windmühlen …«, wie

Graham Greene in seinem Roman »Der stille Amerikaner« schreibt. In der Tat konzentrieren sich in den Dörfern der weiten Ebene viele Gotteshäuser, denn nach der Urbarmachung des meernahen Marschlandes im 19. Jh. ließen sich hier vorwiegend Katholiken nieder. Nach der Teilung Vietnams 1954 flohen die meisten von ihnen in den Süden.

Der gewaltige, 1891 eingeweihte Komplex mit einer Haupt- und vier Nebenkirchen ist eine architektonische Symphonie aus europäischen und asiatischen Stilelementen. In den Kriegen stark beschädigt, erstrahlt Phat Diem heute wieder in altem Glanz und besticht durch einen wuchtigen Glockenturm und ein fünfteiliges Portal aus massiven Steinquadern an der Hauptkirche.

CUC-PHUONG-NATIONALPARK 19 ★ D3

Das 225 km² große Schutzgebiet erstreckt sich etwa 45 km nordwestlich von Ninh Binh entlang eines schmalen, von bewaldeten Karstbergen eingerahmten Tals. Bereits 1962 wurde die Region aufgrund ihrer Artenvielfalt zum Nationalpark erklärt – dem ersten des Landes. Bislang wurden über 2000 Pflanzen- und 300 Vogelarten identifiziert. Besonders gefährdet sind unter den Säugetieren die Asiatischen Schwarzbären, die Nebelparder und die Delacour-Languren, eine erst 1991 wieder entdeckte Langschwanzaffenart, die es nur hier gibt.

Die **Wanderwege** des Parks sind ganzjährig begehbar und führen durch wunderschöne Regenwälder mit einigen uralten Baumriesen. Während in den Monaten Februar und März viele Blumen erblühen, sind im März und April Abertausende von Schmetterlingen zu bewundern (tgl. 8–16.30 Uhr).

Vor dem Parkeingang befindet sich das Endangered Primate Rescue Center, in dem seit 1993 mit Unterstützung der Zoologischen Gesellschaft Frankfurt bedrohte Primaten aufgepäppelt werden. Besichtigung möglich. Nähere Infos unter www.wgfa.de.

INFO

Das Besucherzentrum am Parkeingang bietet Übernachtungen im Gästehaus.
- Tel. 0229/384 80 06 www.cucphuongtourism.com.vn.

Der Dom von Phat Diem

DAS BERGLAND IM NORDWESTEN

Bunt gekleidete Volksgruppen, einfache Bergdörfer, reißende Flüsse und sanfte Reisfelder – der Nordwesten zählt zu den schönsten Landstrichen Vietnams. Zerklüftete Berge, tiefe Täler und fruchtbare Ebenen bestimmen eine Region, die fast doppelt so groß ist wie die Schweiz. Von Hanoi aus lässt sich das Gebiet je nach Zeit per Auto, Flugzeug oder Zug erkunden.

HOA BINH 20 D3

Bereits im Rahmen eines Tagesausflugs nach Hoa Binh kann man einen kleinen Eindruck von der Region bekommen. Die »Stadt des Friedens« liegt nur etwa 75 km südwestlich von Hanoi in der fruchtbaren Ebene des Schwarzen Flusses (Song Da), der von hier an auf 230 km Länge aufgestaut ist. Die 128 m hohe **Talsperre** zählt ebenso zu den Attraktionen wie einige Dörfer der Muong und Tay im Umland.

MAI CHAU 21 ★ C3

Landschaftlich wesentlich interessanter ist Mai Chau, das etwa 60 km weiter in einem von Karstbergen eingerahmten Tal in 400 m Höhe liegt. Auf dem Weg dorthin muss man den 1200 m hoch gelegenen Cun-Pass überwinden. Rund um den Marktflecken leben mehrere unterschiedliche Volksgruppen, darunter Weiße Thai, Hmong und Dao. Hauptattraktion von Mai Chau ist der Sonntagsmarkt. In der Umgebung bieten sich einige Wanderungen an. Schon sehr touristisch ist das nur 1 km westlich von Mai Chau gelegene Dorf der Weißen Thai, **Ban Lac**.

HOTEL

Mai Chau Lodge €€
Die stilvolle Anlage mit 16 Zimmern ist eingebettet in eine wunderschöne Landschaft bei Mai Chau. Das Hotel arrangiert auch Ausflüge.

- Mai Chau
  Tel. 0218/386 89 59
  www.maichaulodge.com

DIEN BIEN PHU 22 ★ E3

Die Provinzhauptstadt am Nam-Ron-Fluss ist zum Synonym für den Sieg gegen die französische Kolonialmacht geworden. Während die 30 000 Einwohner sich v. a. für den grenznahen Handel mit Laos interessieren, zieht es Besucher zu den Schauplätzen der 55 Tage dauernden Schlacht von 1954. Gegenüber dem **Museum** an der Duong 7–5 liegen der **Hügel A1** und ein **Soldatenfriedhof.** Auf der anderen Seite des Ham-Rong-Flusses kann man den teils rekonstruierten **Bunker de Castries** besichtigen, benannt nach dem Befehlshaber der französischen Armee. Die 300 km lange Straße nach Sa Pa zählt zu den landschaftlich schönsten der Region. Unterwegs empfiehlt sich eine Übernachtung in Muong Lay. > mehr S. 16 Punkt 26

ANREISE

Der Flughafen liegt 3 km westlich der Stadt (Taxi). Täglich Flüge nach Hanoi.

HOTEL

Ruby Hotel €

Etwas kastenmäßig, aber 31 geräumige Zimmer mit teils schöner Aussicht und vor allem: in zentraler Lage.

- 43 – To 11 | Tel. 0215/383 55 68 www.rubyhoteldienbien.com

SA PA 23 4 B2

Das 1560 m hoch gelegene Sa Pa, 376 km nordwestlich von Hanoi, ist heute ein alpiner Rummelplatz, wo Angehörige der Schwarzen Hmong und Roten Dao mit Touristen um billigen Ethnokitsch feilschen. Als die Franzosen hier am Fuß des 3143 m hohen Fan Si Pan 1922 die »Stadt des Sandes« gründeten, umwehte Sa Pa ein Hauch altes Europa. Dieses koloniale Ambiente ist weitgehend verschwunden. Auch der einstmals berühmte »Liebesmarkt«, wo junge Männer aus den umliegenden Bergen samstags auf Brautschau gingen, ist heute nicht viel mehr als ein Souvenirmarkt. > mehr S. 17 Punkt 34

Von großem Reiz sind jedoch die zahlreichen Wandermöglichkeiten in der Umgebung (inkl. Homestay), zum Beispiel zu den nahe gelegenen Hmong-Dörfern **Cat Cat** und **Sin Chai** oder ins 9 km entfernte **Ta Van**. Eine 3–4-tägige Tour führt auf den **Fan Si Pan**. Gute Schuhe und warme, wetterfeste Kleider sind für die Wanderung auf den Berg, der sich ein Drittel des Jahres kalt und wolkenverhangen zeigt, unabdingbar. Empfehlenswert ist der Tourenanbieter **Sapa O'Chau** (8 Thac Bac, Tel. 0214/3771166, www.sapaochau.org). > mehr S. 12 Punkt 4

INFO

Tourist Information Center

Infos und Pläne für Ausflüge um Sa Pa.

- 28 Cau May

ANREISE

Tgl. verkehren Züge von Hanoi nach Lao Cai (ca. 10 Std.), nostalgisch-komfortabel mit dem Victoria Express Train oder praktisch im Liegewagen mit dem Nachtzug. Die Fahrt im Minibus vom Bahnhof in Lao Cai nach Sa Pa dauert ca. 1 Std. Dank der zweispurigen Autobahn ist man von Hanoi (245 km) in 5–6 Std. in Sa Pa.

HOTELS

Topas Ecolodge €€€

Wunderschön gelegenes und komfortables Resort, 15 km von Sa Pa. Das Panorama ist traumhaft und das traditionelle, aber dennoch moderne Design sehr ansprechend.

- Ban Ho | Tel. 0214/387 24 04 www.topasecolodge.com

Victoria Sapa Resort €€€

Das beste Hotel am Ort präsentiert sich im Chalet-Stil, mit überdachtem Pool und Spa.

- Tel. 0214/387 15 22 www.victoriahotels.asia

RESTAURANTS

Hill Station Signature Restaurant €€

Das Interieur ist modern, die Küche von jener der Volksgruppen geprägt. Gelegentlich gibt es Kochkurse.

- 37 Phansipan Tel. 0214/388 71 11

Viet Emotion €€

Das Lokal hebt mit seinen Spezialitäten wie Fisch mit Reis und Gemüse im Bambusrohr in der Tat die Gefühlslage.

- 27 Cau May | Tel. 0214/383 53 54.

ZENTRAL-VIETNAM

Hocken auf einem schwankenden Boot? Reine Übungssache!

Geschichtsträchtige Stätten, schöne Landschaften und einladende Strände ... All das können Sie ohne großen zeitlichen Aufwand auf vielfältige Weise in Zentral-Vietnam kombinieren und gleich bei vier UNESCO-Welterbestätten vorbeischauen.

Relativ nah beieinander liegen gleich vier UNESCO-Welterbestätten: Der **Phong-Nha-Ke-Bang-Nationalpark** bei Dong Hoi, der Teil der größten zusammenhängenden Karstwälder Asiens ist; die Paläste und Mausoleen der letzten Königsstadt **Hue**; der einstige Welthafen **Hoi An** mit einem kompakten Stadtkern und zahlreichen chinesishen Versammlungshallen; und die Ruinenstätte **My Son,** über tausend Jahre religiöses Zentrum der Cham. Nur wenige Kilometer von Hoi An erstreckt sich der breite **Cua-Dai-Strand** mit weichem Sand. Vor der hiesigen Küste lädt die **Cham-Insel** zum Baden oder Tauchen ein.

Landschaftlicher Höhepunkt ist sicherlich der **Wolkenpass.** Nur wenig südlich der Großstadt **Da Nang** bietet sich der einige Kilometer entfernte **China Beach** für erholsame Badetage an, und wie überdimensionale Höcker ragen aus der Ebene **Marmorberge** mit einigen Höhlentempeln auf.

Je südlicher Sie kommen, desto tropischer zeigt sich die Landschaft. Kokospalmen wiegen sich im Wind, kleine Buchten laden zum Verweilen ein, wie beispielsweise in **Sa Huynh.** Der Strand verfügt jedoch über keine guten Hotels. Im Gegensatz zu **Qui Nhon:** Die wirtschaftlich wichtige Hafenstadt eignet sich als Übernachtungsstopp auf der Weiterfahrt nach Süden, auch einige Cham-Tempel lohnen hier eine Besichtigung.

TOUREN IN DER REGION

TOUR 3

ÜBER DEN WOLKENPASS

ROUTE: Hue > Lang Co > Wolkenpass > Da Nang > Hoi An

KARTE: Seite 88

LÄNGE: 135 km

DAUER: 1 Tag

PRAKTISCHE HINWEISE:

- Für die individuellen Abstecher ist ein Wagen mit Fahrer sinnvoll.
- Falls Sie mit einem Open-Tour-Bus fahren, sollten Sie wissen, dass fast alle Anbieter aus Zeitgründen den Hai-Van-Tunnel nutzen, statt über den Wolkenpass zu fahren.

TOUR 4

DIE KÜSTE ENTLANG

ROUTE: Hoi An > Quang Ngai (My Lai) > Sa Huynh > Qui Nhon

KARTE: Seite 88
LÄNGE: 270 km
DAUER: 1 Tag
PRAKTISCHER HINWEIS:

- Eine günstige Reisevariante ist auch hier der Open-Tour-Bus. Für Ihre individuellen Ausflüge empfiehlt sich jedoch ein Wagen mit Fahrer.

TOUR-START:

Die Nationalstraße 1 A verläuft südlich von Hoi An vorwiegend entlang der Küste, durch fruchtbare, von Reisfeldern dominierte Landschaften, vorbei an traumhaft schönen, mit Kokospalmen bestandenen Buchten und über einige Pässe. Unterwegs können Sie das Cham-Heiligtum **Chien Dan** 13 > S. 105 besichtigen oder einen Abstecher zum Dorf **Son My (My Lai)** 15 > S. 105 unternehmen, das im Vietnamkrieg traurige Berühmtheit erlangte. Zudem lädt der schöne Strand von **Sa Huynh** 16 > S. 105 zu einem Sprung ins Meer oder einem ausgiebigen Seafood-Mahl ein. Die Hafenstadt **Qui Nhon** 17 > S. 105 bietet sich für ein paar ruhige Strandtage und den Besuch weiterer Cham-Türme an.

TOUR-START:

Die Straße von **Hue** 3 > S. 90 über den Wolkenpass 6 > S. 97 nach **Hoi An** 10 > S. 99 zählt mit ihren herrlichen Ausblicken zu den landschaftlich schönsten Strecken Zentral-Vietnams. Zwar ist sie mit dem Auto in nur vier Stunden zu bewältigen, entspannter ist es jedoch, die Fahrt zu einer Tagestour ausweiten, indem Sie einen Abstecher zum dicht bewaldeten **Bach-Ma-Nationalpark** 4 > S. 96 einbauen, in **Da Nang** 7 > S. 97 neben dem Cham-Museum auch die Stadt besichtigen oder die tempelreichen **Marmorberge** 8 > S. 98 erkunden. Auf jeden Fall lohnt sich in **Lang Co** 5 > S. 96 am Fuß des Wolkenpasses ein ausgiebiger Halt zum Seafood-Schlemmen.

Fahrradrikschas warten auf Kundschaft

VERKEHRSMITTEL

Hue, Da Nang und Qui Nhon verfügen über Flughäfen und werden täglich von Maschinen aus Hanoi und/oder Ho-Chi-Minh-Stadt angeflogen, Da Nang sogar aus dem Ausland. Zudem liegen die drei Städte an der Hauptbahnlinie und sind Haltepunkte aller Züge zwischen Nord und Süd.

Die beliebten Open-Tour-Busse verkehren zwischen Hue, Da Nang und Hoi An mit Weiterfahrtmöglichkeiten nach Qui Nhon und Nha Trang.

UNTERWEGS IN ZENTRAL-VIETNAM

DONG HOI 1 E6

Bislang ist die Hafenstadt **Dong Hoi** (130 000 Einwohner) noch selten auf den Reiserouten zu finden. Doch die Hauptstadt der Provinz Quang Binh, die sich recht harmonisch zwischen der Mündung des Nhat Le-Flusses und dem Meer ausbreitet, bietet nicht nur zwischen Mai und September am stadtnahen Strand gute Bademöglichkeiten, sie ist auch Ausgangspunkt für den Besuch des 55 km nordwestlich gelegenen Phong-Nha-Ke-Bang-Nationalparks, mit seinen Karstformationen ein UNESCO-Weltnaturerbe.

ANREISE

Dong Hoi liegt an der Nord-Süd-Bahnlinie, 486 km südlich von Hanoi (9 bis 10 Std.) und 172 km nördlich von Hue (3 Std.). Tipp: Am besten nehmen Sie den Nachtzug aus Hanoi. Die Open-Tour-Busse zwischen Hanoi und Hue halten auf Wunsch ebenfalls in Dong Hoi.

HOTELS

Sun Spa Resort €€–€€€
Das große Resort liegt direkt am Meer und bietet neben Spa und Pool auch mehrere Restaurants.

- My Canh, Bao Ninh
  Tel. 0232/384 29 99
  www.sunsparesortvietnam.com

Nam Long Plus Hotel €
Handtuchschmales Familienhotel mit 19 kleinen Zimmern und gutem Ausflugsprogramm.

- 28 A Phan Chu Trinh
  Mobil-Tel. 091/892 35 95
  www.namlonghotels.com

PHONG-NHA-KE-BANG-NATIONALPARK 2 ★ D6

Seit das 858 km² große Schutzgebiet 2003 von der UNESCO in die Welterbeliste aufgenommen wurde, steigt die Besucherzahl kontinuierlich. Es ist Teil eines der größten und mit 400 Mio. Jahren auch ältesten Karstwaldgebiete Asiens und erstreckt sich bis an die laotische Grenze. Eine herausragende Bedeutung hat der Nationalpark wegen seiner wenig erforschten Flora und Fauna mit vielen endemischen Arten, allen voran den seltenen Hatinh-Languren, Saola-Rindern und Riesenmuntjaks. Letztere wurden erst in den 1990er-Jahren entdeckt. Über 25 % der bislang 2500 identifizierten Pflanzenarten haben Seltenheitswert.

Der Park etabliert sich immer mehr als ein Eldorado für Höhlen-Enthusiasten. Die derzeitige Hauptattraktion ist die **Phong-Nha-Höhle,** deren Eingang beim Dorf Son Trach liegt und deren letzter halber Kilometer mit schmalen Booten befahren werden kann. In unmittelbarer Nähe zum Höhleneingang liegt etwas erhöht die 980 m lange Himmelsberghöhle, **Hang Tien Son.**

Mit Ausdauer, Kondition und guter Ausrüstung lassen sich in der weiteren Umgebung zudem die erst 2005 entdeckte **Dong Thien Duong** (Paradieshöhle) und in 1–4 Tagen auch das 2010 erstmalig erforschte **Tu-Lan-Höhlensystem** erkunden. Letzteres liegt etwa 70 km nordwestlich von Son Trach inmitten eines wilden Dschungels und besteht aus diversen Grotten und unterirdischen Gängen. Die erst seit 2013 zugängliche Bergflusshöhle, **Hang Son Doong** darf indessen nur über Oxalis Adventure Tours › unten betreten werden. › mehr S. 13 Punkt 8

INFO

Oxalis Adventure Tours

- Phong Nha | Son Trach
  Tel. 0232/367 76 78 | www.oxalis.com.vn

HOTEL

Phong Nha Farmstay €€

Minihotel direkt am Fluss mit sauberen Zimmern. Arrangiert diverse Outdoor-Programme.

- Cu Nam | Tel. 0232/367 51 35
  www.phong-nha-cave.com

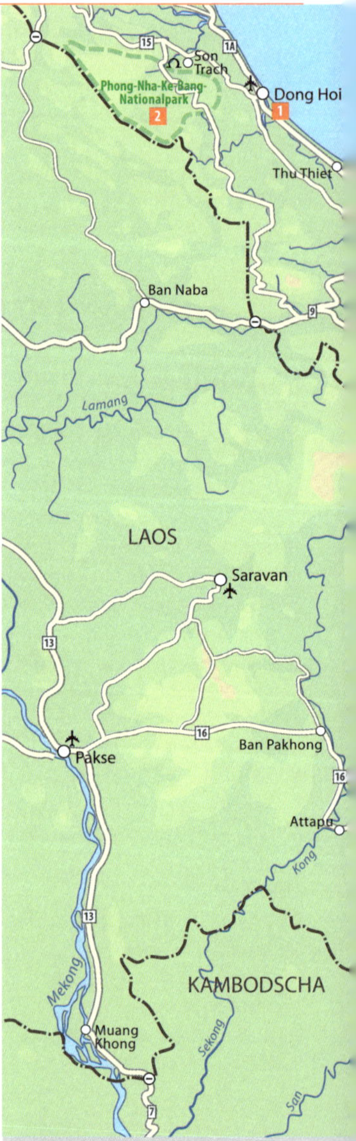

TOUREN IN ZENTRAL-VIETNAM

TOUR 3

ÜBER DEN WOLKENPASS

Hue > Lang Co > Wolkenpass > Da Nang > Hoi An

TOUR 4

DIE KÜSTE ENTLANG

Hoi An > Quang Ngai (My Lai) > Sa Huynh > Qui Nhon

Karte S. 88

HUE 3 5 F7

Drachenboote auf dem Fluss der Wohlgerüche, höfische Tänzer im Königlichen Theater, Restaurants im Stil alter Paläste – die untergegangene Monarchie ist heute lebendiger denn je. Vietnams letzte Königsstadt hat sich ganz ihrer glanzvollen Vergangenheit verschrieben, Krieg und sozialistische Tristesse sind passé. Seit die UNESCO Paläste und Königsgräber 1993 in die Welterbeliste aufgenommen hat, wird fleißig restauriert und (zuweilen recht willkürlich) rekonstruiert. Noch wirkt Hue an vielen Stellen morbide und marode, und die alljährlichen Niederschläge von über 3000 mm setzen Gemäuern und Gemütern zuweilen heftig zu, aber das tut dem Charme dieser Stadt keinen Abbruch. › mehr S. 15 Punkt 22

GESCHICHTE

Bis zum Jahr 1306 siedelten hier die Cham. Dann trat deren König den Küstenstreifen an das vietnamesische Reich ab, um im Gegenzug eine Tochter des dortigen Herrschers zu ehelichen. Fatalerweise starb der Cham-Regent bereits ein Jahr nach der Hochzeit. Seine Frau kehrte zurück, das Gebiet war verloren. Doch an Bedeutung gewann der Standort erst 1687, als das Adelsgeschlecht der Nguyen am Huong Giang die Zitadelle Phu Xuan errichtete. Während des Tay-Son-Aufstandes im 18. Jh. fast völlig vernichtet, erlebte Hue ab 1802 einen rasanten Aufstieg, als der letzte überlebende Nguyen-Abkömmling sich zum Gia-Long-Herrscher krönen ließ und fortan über ganz Vietnam regierte. Die Nguyen-Monarchen orientierten sich am chinesischen Kaisertum und schufen eine Art Klein-Peking mit Verbotener Stadt, Tempelanlagen und Königsgräbern. Doch ab 1883 dienten die Himmelssöhne nur noch als Marionetten der französischen Kolonialherren. Am 25. August 1945 kam das Aus der Monarchie, nachdem der letzte König, Bao Dai, abdankte und nach einem kurzen Intermezzo als Staatsoberhaupt 1955 endgültig ins französische Exil entschwand. Während der Tet-Offensive 1968 wurden weite Teile Hues zerstört.

Erst seit den 1990er-Jahren erlebt die Stadt mit mittlerweile 350 000 Einwohnern einen Aufschwung.

ZITADELLE UND KÖNIGSSTADT

Die Zitadelle liegt in geomantisch günstiger Lage am Nordufer des Flusses. Im Rücken schützen sie Berge, nach Süden blickt sie zur Sonne, auf den Fluss und eine weite Ebene. Nach dem Vorbild der Kaiserstadt in Peking gliedert sie sich in drei Bereiche: Die **Äußere Stadt** A – gemeinhin Zitadelle genannt – ist von einer fast quadratischen, 10 km langen Mauer und einem 23 m breiten Wassergraben umgeben. Darin eingeschlossen ist die ebenfalls ummauerte **Königsstadt** B (auf Vietnamesisch Dai Noi, »Große Einfriedung« genannt) und als Teil von ihr die **Purpurne Verbotene Stadt** C mit den privaten Palästen für den König und seine Konkubinen.

Die wichtigsten Bauwerke innerhalb der Königsstadt (tgl. 7–17 Uhr) reihen sich entlang einer Zentralachse, weniger wichtige paarweise im rechten Winkel dazu oder auf zwei parallelen Seitenachsen. Den Anfang der zentralen Achse bilden kleine Pavillons direkt am Fluss und die dreistufige Terrasse mit dem 21 m hohen Flaggenturm. Seitlich stehen vier bzw. fünf 10 t schwere Kanonen.

ZENTRALACHSE

Die weitläufige Königsstadt (Ausmaße: 604 × 622 m) betritt man durch das **Mittagstor** mit filigran gestalteten Pavillons auf einer massiven, u-förmigen Basis. Von dort beobachtete der König Zeremonien und Paraden, während die Hofdamen ungesehen im oberen Stockwerk durch Paneele blinzeln konnten. Im anschließenden **Hof der Riten** nahmen einst die Mandarine Aufstellung, getrennt nach Militärs und Zivilisten. An der Stirnseite des Hofs liegt die **Halle der Höchsten Harmonie** mit prachtvollen Schnitzarbeiten und mächtigen Säulen. Fast alles ist in Rot, der Farbe des Glücks, und in Gold, der Farbe des Herrschers, gehalten und mit Drachen, dem königlichen Symboltier, geschmückt. Vom Thronsessel aus hielt die »Erhabene Gottheit«, Hoang De, so der offizielle Herrschertitel, seine Audienzen ab.

Nahezu alle weiter nördlich gelegenen Palastbauten samt der Verbotenen Stadt wurden im Vietnamkrieg komplett zerstört, werden aber schrittweise wieder aufgebaut. Die beiden seitlichen **Hallen der Mandarine** dienen heute Ausstellungszwecken. Im rekonstruierten

Hinter der Mauer liegt die Königsstadt

Königlichen Theater weiter östlich kommen mehrmals täglich höfische Tanz- und Musikstücke zur Aufführung. Der dahinter liegende **Lese-Pavillon** beeindruckt mit seinen kunterbunten Verzierungen aus Glas und Porzellanscherben.

WESTLICHE HOFKOMPLEXE

Relativ gut erhalten sind viele der Gebäude in den vier hintereinander liegenden Hofkomplexen auf der Westseite der Königsstadt, wo jeweils zwei Tempel- und Wohnbereiche liegen. Durch ein dreiflügeliges

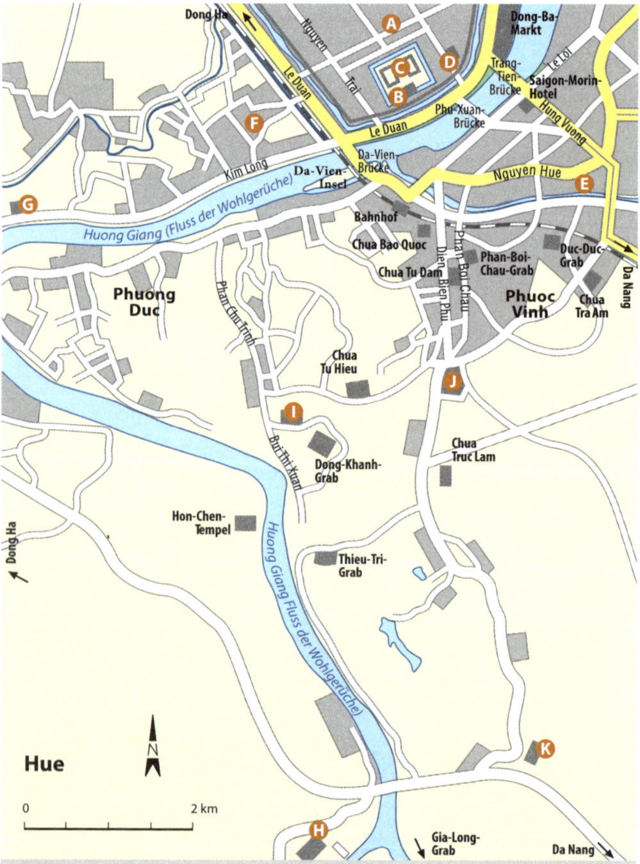

A Äußere Stadt
B Königstadt
C Purpurne Verbotene Stadt
D Long-An-Palais
E An-Dinh-Palais
F Gartenhäuser von Kim Long
G Thien-Mu-Pagode
H Minh-Mang-Grab
I Tu-Duc-Grab
J Altar für Himmel und Erde
K Khai-Dinh-Grab

Tor gelangt man zunächst zum hübschen **Pavillon der Glorreichen Ankunft,** der seinerzeit mit seinen 13 m nicht nur das höchste Bauwerk des Palastbereichs, sondern von ganz Hue war.

Im anschließenden Innenhof stehen die bekannten **Neun Dynastischen Urnen.** Die zwischen 1,9 t und 2,6 t schweren Bronzegefäße entstanden um 1835 und symbolisieren Einheit und Wohlstand des Reiches. Der an der Stirnseite 1821 erbaute **The-Tempel** dient der Verehrung von zehn der insgesamt 13 Nguyen-Könige.

Den Eltern des Gia-Long-Königs ist der anschließende **Hung-Tempel** gewidmet. Im dritten von einer Mauer eingefassten Hofkomplex befinden sich die nicht originalgetreu restaurierten Wohngebäude der Königsmutter, darunter der **Palast der Ewigkeit** aus dem Jahr 1804. Die Gebäude im vierten Hof sind noch nicht wieder hergestellt.

KÖNIGLICHE PALAIS

Das 1909 an den heutigen Standort verlegte **Long-An-Palais** D ★, ein wohlproportionierter Bau mit Eisenholzstruktur, dient heute als Museum für Antiquitäten (3 Le Truc, tgl. 7–17.30 Uhr). Unter dem zwölften Nguyen-Herrscher Khai Dinh entstand 1918 das **An-Dinh-Palais** E ★ ein schmucker Rokoko-Bau mit vietnamesischen Stilelementen. In den Räumen mit restaurierten Wandgemälden lebte zeitweise der letzte König Bao Dai (150 Nguyen Hue, Di–So 7 bis 16.30 Uhr). > mehr S. 16 Punkt 28

GARTENHÄUSER VON KIM LONG F

Westlich der Zitadelle schließt sich zwischen der Van-Xuan-Straße und einem Kanal der Stadtteil Kim Long an. Er ist für seine vielen Gartenhäuser *(nha vuon)* bekannt. Dabei handelt es sich um traditionelle Wohngebäude inmitten schöner Grünanlagen. Sie sind in Privatbesitz und werden vielfach noch von Nachfahren königlicher Beamter und Minister bewohnt. Einige Gebäude können im Rahmen eines Spaziergangs oder einer Fahrradtour besucht werden, etwa das **Thuong Lac Vien** (20 Phu Mong), das Ende des 19. Jhs. von einem Prinzen erbaut wurde; das **Thao Trang Vien** (34 Phu Mong), heute eine Gaststätte inmitten eines 1800 m^2 großen Gartens; das **An Lac Vien** (54/7 Phu Mong), ein 1888 errichtetes Gebäude mit Garten und Fischteich; und das attraktive Gartenlokal Tinh Gia Vien II (50 Phu Mong). Offizielle Besichtigungszeiten gibt es nicht, am besten schaut man von 9–11 Uhr oder am Spätnachmittag vorbei (Eintritt gegen Spende).

THIEN-MU-PAGODE G ★

Eine erholsame Flussfahrt führt zum Wahrzeichen Hues, jener Pagode, die 1601 auf Initiative des Fürsten Nguyen Hoang auf einer Anhöhe am Ufer des Huong Giang errichtet wurde (auch per Straße erreichbar). Der 21 m hohe Phuoc-Duyen-Turm (1844) erinnert an die fünf Manushi-Buddhas, die der Mahayana-Tradition zufolge bislang erschienen sind. Zwei kleinere

Thien-Mu-Pagode

Pavillons schützen eine Marmorstele mit der Geschichte des Tempels (1714) und eine 2,50 m große Glocke (1710). Hinter der hohen Mauer erstreckt sich die Klosteranlage mit mehreren Hallen und schönen Bonsaibäumchen.

Eine ungewöhnliche Sehenswürdigkeit steht in einer Garage: ein alter Austin mit einem berühmten Foto in der Windschutzscheibe. Es zeigt die Selbstverbrennung des Mönches Thich Quang Duc am 11. Juni 1963 aus Protest gegen die Buddhistenverfolgung des katholischen Diktators Diem. In diesem Austin ließ sich der Mönch zu einer Straßenkreuzung in Saigon fahren, mit Benzin übergießen und anzünden. Das Foto erregte großes Aufsehen in den USA, die Diem fünf Monate später fallen ließen.

Boote für die Flussfahrt mietet man am besten an der Anlegestelle zwischen Trang-Tien-Brücke und Century Hotel. Ein kleines Boot kostet bis zur Thien-Mu-Pagode ab 20 $ und weiter zum Mausoleum Minh Mangs das Doppelte.

MINH-MANG-GRAB H ★

Von der Chua Thien Mu sind es weitere 5 km flussaufwärts bis zum Grab von Minh Mang. Der zweite Herrscher der Nguyen-Dynastie regierte von 1820 bis 1841 und hatte schon zu Lebzeiten mit dem Bau seines Mausoleums begonnen. Allein die Suche nach dem geeigneten Standort dauerte 14 Jahre. Alle Gebäude liegen auf einer Achse, beginnend mit dem »Großen Roten Tor«. Dieses führt zu einem Innenhof, den zwei Reihen von steinernen Wächtern säumen. Die große Stele preist die Taten des Königs, der folgende »Tempel der Segensreichen Wohltat« dient seiner Verehrung. Drei Brücken führen über den künstlich angelegten See zum »Pavillon der Klarheit«, von dem aus man einen Blick auf einen weiteren, mondsichelförmigen See hat. Über ihn führt eine Brücke zum ummauerten Grabhügel (tgl. 7–17 Uhr).

TU-DUC-GRAB I ★

Über die Ausfallstraße Dien Bien Phu ist das Mausoleum des vierten und vielleicht tragischsten Königs der Dynastie (reg. 1847–1883) zu erreichen. Die Straße führt zunächst auf den **Altar für Himmel und Erde** J (Nam Giao) zu und verläuft dann zum »Grab der Bescheidenheit« (Lang Khiem). Als die parkähnliche Anlage 1867 fertiggestellt war, zog Tu Duc sich immer häufiger mit seinen Konkubinen hierher zurück, während die Franzosen die Macht im Land übernahmen.

Die Anlage richtet sich nach zwei parallelen Achsen aus. Die Gebäude im Süden nutzte Tu Duc zu Lebzeiten als Wohnräume, heute dienen sie dem Gedenken an ihn und seine Gemahlin Le Thien Anh. Die nördliche Achse beginnt mit einer Terrasse für die paarweise aufgestellten steinernen Wächter. Auf der nächsten Ebene ragt die landesweit größte Grabstele auf. Der König verewigte hier in 5400 Zeichen seine Lebensgeschichte. Ein halbmondförmiger See bildet die Grenze zum Reich des Toten, das aber nicht mehr aus einem traditionellen runden Grabhügel besteht: Von einer hohen Mauer umgeben, steht vielmehr ein leerer Steinsarkophag in einem offenen Innenhof. Die letzte Ruhestätte von Tu Duc ist unbekannt. Er wurde in einem von elf angelegten Tunneln bestattet (tgl. 7–17 Uhr).

KHAI-DINH-GRAB K ★

Knapp 5 km südlich liegt das Mausoleum des vorletzten Nguyen-Herrschers. Khai Dinh (reg. 1916 bis 1925) war bei einem Besuch in Frankreich von den Palästen so beeindruckt, dass er sich für seine Grabanlage etwas Ähnliches wünschte. Herausgekommen ist eine Art vietnamesisches Rokoko. Eine steile, von mächtigen Beton-Drachen gesäumte Treppe führt zu einer Plattform mit Wächtern. Noch höher liegt der Grabbau, ein verspieltes Schlösschen mit drei ineinander übergehenden Räumen. Im Gegensatz zum grauen Äußeren ist das Innere mit bunten Kacheln, Glas- und Porzellanscherben und einer Bronzestatue des Herrschers dekoriert (tgl. 7–17 Uhr).

INFO

Hue Monuments Conservation Centre

- 23 Tong Duy Tan | Tel. 0234/352 32 37
  www.hueworldheritage.org.vn

ANREISE

Der **Flughafen** Phu Bai mit Verbindungen nach Hanoi und Ho-Chi-Minh-Stadt liegt 15 km südlich an der N1A. Man erreicht ihn mit Taxis und Minibussen.

HOTELS

La Résidence Hôtel & Spa €€€
Direkt am Fluss gelegenes Boutiquehotel im Art-déco-Stil.

- 5 Le Loi | Tel. 0234/383 74 75
  www.la-residence-hue.com

Pilgrimage Village €€€
Weitläufiges Resort unweit der Königsgräber mit Pool und Spa. Tolles Ambiente.

- 130 Minh Mang | Tel. 0234/388 54 61
  www.pilgrimagevillage.com

Saigon Morin €€
Das 1901 gegründete Kolonialhotel verfügt über große Zimmer und einen lauschigen Innenhof mit Café und Restaurant.

- 30 Le Loi | Tel. 0234/382 35 26
  www.morinhotel.com.vn

Karte S. 92

Hue Serene Palace €€

Mit nur 20 großen und recht wohnlichen Zimmern ziemlich überschaubar, punktet das freundlich geführte Stadthotel durch seine gute Lage in Flussnähe. Recht gutes Preis-Leistungs-Verhältnis.

- 21 Lane | 42 Nguyen Cong Tru
  Tel. 0234/394 85 85
  www.serenepalacehotel.com

Binh Minh Sunrise €

Beliebtes Familienhotel mit freundlichem Personal in guter Lage mit sauberen Zimmern.

- 36 Nguyen Tri Phuong
  Tel. 0234/382 55 26
  www.binhminhhue.com

RESTAURANTS

Ben Xuan Garden House €€€

Eine familiengeführte architektonische Perle im alten Stil mit traditioneller Musik und typischen Hue-Spezialitäten. Mit schönem Flussblick. Etwas abgelegen, aber die Anfahrt lohnt sich!

- Van Thanh
  zwischen Thien-Mu-Pagode und Literaturtempel
  Mobil-Tel. 0128/768 09 60
  www.facebook.com/benxuangarden house

Family Home Restaurant €

Der Name stimmt: familiengeführtes Lokal mit gutem Service und leckeren Hue-Gerichten.

- 11/34 Nguyen Tri Phuong
  Tel. 0234/382 06 68

Les Jardins de la Carambole €

Schmackhafte Fusionsküche in schicker Kolonialvilla unweit der Zitadelle.

- 32 Dang Tran Con | Tel. 0234/354 88 15

Nina's Café €

Familiengeführtes Lokal mit vietnamesischen und westlichen Gerichten.

- 16/34 Nguyen Tri Phuong
  Tel. 0234/383 86 36

NIGHTLIFE

Secret Lounge €€

Ein gemütlicher Ort zum Entspannen, Billard spielen und Drinks genießen mit Steingarten und illuminiertem Barbereich. Keine eigene Küche.

- 15/42 Nguyen Cong Tru
  Mobil-Tel. 096/196 22 22

BACH-MA-NATIONALPARK 4 F7

Zum Nationalpark biegt beim Ort Cau Hai, etwa 40 km südlich von Hue, eine Straße ab. Das 220 km² große Waldgebiet um den 1450 m hohen »Berg des Weißen Pferdes« (Nui Bach Ma) ist ein beliebtes Naherholungsziel für Einheimische und verfügt über mehrere gut markierte Wanderwege. Mit rund 360 Spezies ist es besonders für Vogelfreunde interessant. Beste Besuchszeit ist zwischen Februar und September.

LANG CO 5 F7

Das Dorf zieht sich entlang einer Halbinsel zwischen Meer und Lagune. Am schneeweißen Strand gibt es mehrere schöne Resorts, die jedoch recht isoliert liegen, sodass man ganz auf ihre Infrastruktur angewiesen ist. In ihren Restaurants werden herrliche Seafood-Gerichte aufgetischt.

HOTEL

Lang Co Beach Resort €€

Entlang des breiten Strandes verteilen sich vernachlässigte Bungalows mit insgesamt 124 Zimmern. Gutes Restaurant.

- 463 Lac Long Quan
  Tel. 0234/387 35 55
  www.langcobeachresort.com.vn

WOLKENPASS 6 ★ F7

Hinter der Lagune von Lang Co beginnt der berühmte Wolkenpass, Vietnams Wetterscheide zwischen dem subtropischen Norden und dem tropischen Süden. Wenn man nicht durch den 2005 eröffneten Hai-Van-Tunnel fährt, sondern auf der von den Franzosen 1888 ausgebauten Straße die Passhöhe von 496 m ansteuert, steht man dort entweder im dichten Nebel oder kann einen traumhaften Panoramablick genießen.

DA NANG 7 F7

Vietnams drittgrößte Metropole (1 Mio. Einwohner) ist mit ihrem Seehafen das bedeutendste Wirtschaftszentrum in der Landesmitte. In der fruchtbaren Ebene des Han-Flusses siedelten einst die Cham, bis sie im 14. Jh. von den Vietnamesen verdrängt wurden. 1858 trafen die Franzosen mit ihren Expeditionstruppen ein und gründeten drei Jahrzehnte später die Stadt Tourane. In der Bucht landeten im März 1965 die ersten Truppen der USA, um kurz darauf eine riesige Militärbasis zu errichten.

Auch wenn die Stadt nur wenige Sehenswürdigkeiten zu bieten hat, lohnt sich ein entspannter Spaziergang entlang des **Hung-Vuong-Boulevards** hinunter zum Markt (zwischen Tran Phu und Bach Dang) bis zum **Han-Fluss**.

Der Strand von Lang Co lohnt einen Stopp

CHAM-MUSEUM ★ 6

Da Nangs einzige nennenswerte Sehenswürdigkeit ist das Cham-Museum an der Bach Dang im Süden des Zentrums. Henri Parmentier von der *École Française d'Extrême-Orient* plante das 1919 eingeweihte Bauwerk mit Stilelementen der Cham, um die bei Grabungen zutage geförderten Statuen, Friese und Altäre zu beherbergen. In dem u-förmigen Gebäude mit modernem Anbau werden Hunderte von Originalstücken gezeigt, darunter reliefverzierte Altäre aus My Son (wohl 7. Jh.), Tra Kieu (7. Jh.) und dem buddhistischen Kloster Dong Duong (Ende 9. Jh.). Unter den vielen Plastiken und Reliefs ragen mehrere Shiva-Darstellungen, eine Bronzefigur von Tara (8. Jh.) und die »Tänzer von Tra Kieu« (10. Jh.) hervor (tgl. 7–17 Uhr).

Statue eines Bodhisattva

HOTEL

Avora Hotel €€

Zentral gelegen mit 33 modernen Zimmern und mit schönem Blick auf den Han-Fluss. Nette Sky Bar zum Entspannen.

- 170 Bach Dang | 0236/397 77 77 www.avorahotel.com

RESTAURANT

Ngon Villa €€

Sehr gute vietnamesische Küche. Garten und modernes Design.

- 90 Le Quang Dao | Tel. 0236/366 66 99

MARMORBERGE 8 ★ F7 UND CHINA BEACH 9 F7

Knapp 10 km südlich von Da Nang ragen zwischen dem Meer und der Straße nach Hoi An fünf Berge aus der Ebene – die **Marmorberge**. Sie werden entsprechend der chinesischen Kosmologie auch »Berge der fünf Elemente«, Ngu Hanh Son, genannt. Diese Elemente sind: *moc* (Holz), *hoa* (Feuer), *tho* (Erde), *kim* (Metall) und *thuy* (Wasser). Auf dem 107 m hohen »Wasserberg« (Thuy Son) befindet sich die hallenartige Huyen-Khong-Grotte, einst Kultstätte der Cham. Heute ist sie ein daoistisch-buddhistisches Heiligtum. Auf diesem Berg gibt es außerdem einige Aussichtspunkte und die beiden Klöster Chua Tam Thai und Chua Linh Ung. Das am Fuß der Marmorberge gelegene Dorf

Non Nuoc ist ein Zentrum der Steinmetzkunst. Allerdings stammt der Marmor heute aus der Provinz Thanh Hoa. › mehr S. 17 Punkt 35

Parallel zur Küste führt von Da Nang eine breite Straße am einstigen Stützpunkt der US-Armee und den Marmorbergen vorbei bis ins 25 km entfernte Hoi An. Der fast baumlose Strand wurde während des Vietnamkriegs als **China Beach** bekannt, da sich hier amerikanische Soldaten vom Kampfeinsatz erholten. Inzwischen sind an diesem Strand eine Vielzahl hochpreisiger Resorts angesiedelt. Badesaison ist von Juni bis September, zwischen Oktober und Dezember lässt sich hier wunderbar surfen. › mehr S. 13 Punkt 9

HOTELS

Centara Sandy Beach Resort Danang €€€
16 ha große Anlage mit mit 118 Zimmern und Villen. Zwei Swimmingpools. Arrangiert Tauchtrips.
- 21 Truong Sa
  Tel . 0236/396 17 77
  www.centarahotelsresorts.com

Furama Resort & Spa €€€
5-Sterne-Resort direkt am Strand. Gute Sportmöglichkeiten und vier Restaurants.
- 105 Vo Nguyen Giap
  Bac My An (China Beach)
  Tel. 0236/384 78 88
  www.furamavietnam.com

SHOPPING

Rund um das Dorf Non Nuoc verkaufen zahllose Läden Skulpturen aus Marmor – vom Grabstein bis zum mannshohen Löwen. Sie organisieren auch den Export.

HOI AN 10 7 F7

Vom Welthafen zum verschlafenen Nest zur Touristenhochburg: Hoi An hat in den letzten Jahrhunderten viele Wechselbäder erlebt. Seit die Stadt am Thu-Bon-Fluss 1999 zum UNESCO-Welterbe erhoben wurde, erfuhr sie einen beispiellosen Boom. Kein Wunder, denn nirgends sonst in Vietnam ist das historische Bau-Ensemble noch so intakt wie hier. Und nirgendwo sonst kann man Kulturerlebnis, Shopping und Strandurlaub so wunderbar miteinander verbinden.

Der Aufstieg begann im 16. Jh., als das damalige Faifo Vietnams Tor zur Welt wurde. Hier legten die ersten europäischen Karavellen an, und hier löschten chinesische und japanische Händler offiziell ihre Waren, nachdem ihre Heimatländer keine ausländischen Schiffe mehr in ihren Häfen duldeten. 1636 mussten die Händler aus Nippon auf Geheiß des herrschenden Tokugawa-Shogunats in ihre Heimat zurückkehren. Die Hafenstadt wurde faktisch chinesisch, nachdem sich infolge des Zusammenbruchs der Ming-Dynastie 1644 immer mehr Flüchtlinge aus dem Land der Mitte niederließen. Doch als im 18. Jh. der Fluss zunehmend versandete, begann in Hoi An die Zeit stillzustehen. Dank der vielen Touristen ist die Stadt nun wieder kräftig in Bewegung geraten.

Der Stadtkern mit über 600 denkmalgeschützten Tunnelhäusern, Pagoden und Tempeln erstreckt sich entlang eines Seitenarmes des Thu

Bon. Die wichtigsten Sehenswürdigkeiten reihen sich an der Hauptstraße Tran Phu, darunter fünf Versammlungshallen *(hoi quan)* für die nach Herkunftsprovinzen organisierten chinesischen Gemeinden. Sie alle haben eine ähnliche Struktur: Ein Vorplatz führt zu einem schmucken Torbau, gefolgt von einem Innenhof und der Tempelhalle mit fein geschnitzten Altären und üppig verzierten Dachfirsten.

ENTLANG DER TRAN PHU

Die **Hoi Quan Trieu Chau** (1752) an der 157 Nguyen Duy Hieu, der Verlängerung der Tran Phu, besitzt wunderschöne Schnitzereien an Säulen und Altären: Vögel und Insekten verstecken sich in filigran gearbeitetem Rankwerk. Auch die 100 m weiter gelegene **Hoi Quan Hai Nam** (1875) zum Gedenken an 108 wegen angeblicher Spionage hingerichtete Seeleute von der Insel Hainan weist schöne Verzierungen auf.

Der **Mieu Quan Cong** (1653) an der Tran Phu/Nguyen Hue ist dem gleichnamigen chinesischen General (chin. Guan Yu) aus dem 3. Jh. gewidmet. In dessen hinterem Bereich dokumentiert ein mäßig interessantes **Museum** die Geschichte von Hoi An. Viel spannender ist das geschäftige Treiben in und um den **Markt** schräg gegenüber. Die Läden und Verkaufsstände ziehen sich bis hinunter zur Uferstraße, der Bach Dang. Die schönste Stimmung herrscht hier frühmorgens, wenn am Pier die überladenen Boote anlanden.

An der Tran Phu etwas weiter birgt die große **Hoi Quan Phuc Kien** eine goldene Statue von Thien Hau, der Schutzgöttin der Fischer und Seefahrer. Die Bewohner des 300 Jahre alten **Quan-Thang-Hauses** (77 Tran Phu) schräg gegenüber sind stolz auf ihr gut erhaltenes und mit reichen Schnitzereien verziertes Heim.

Fast am Ende der Tran Phu fällt das dreiteilige Tor der **Hoi Quan Quang Trieu** (1786) auf. In den 1980er-Jahren wurde der Tempel mit einer mächtigen Statue des Generals Quan Cong von Grund auf erneuert. In Sichtweite ist nun schon die **Japanische Brücke** ★ über einen Kanal. Sie trennt das chinesische vom einstigen japanischen Viertel. An den Eingängen sitzen auf beiden Seiten steinerne Tierfiguren, die Rückschlüsse auf die ursprüngliche Entstehungszeit zulassen: Den Baubeginn ordnet man dem Jahr des Affen (1593) zu, die Fertigstellung dem Jahr des Hundes (1595). Ein kleiner Tempelanbau soll einen riesigen Drachengeist besänftigen. Jenseits der Brücke lohnt ein Besuch im 50 m entfernten **Hung-Phung-Haus** (4 Nguyen Thi Minh Khai).

AM THU BON

Das **Tan-Ky-Haus** (101 Nguyen Thai Hoc) gehörte einst einer reichen Kaufmannsfamilie. Es ist ein typisches Tunnelhaus mit dem repräsentativen und daher schmucken Vorderhaus, gefolgt von einem luftigen Innenhof und den Privaträumen samt Küche und Brunnen.

Der Hinterausgang führt zur Uferstraße **Bach Dang.** Hier werben Bootsfahrer für eine Fahrt bis zur Mündung des **Thu Bon.** Wenn Sie dem Hoi-An-Rummel entfliehen wollen, schnappen Sie sich ein Fahrrad und fahren über die Brücke zur Flussinsel **Cam Kim.** Hier geht alles noch einen ruhigeren Gang. Schauen Sie sich im Dorf **Kim Bong** um, wo sich viele Familien auf Holzschnitzarbeiten spezialisiert haben.

Die Verkaufsstellen des **Hoi An Office of Tourist Services** stellen Stadtpläne und Broschüren zur Verfügung. Dort muss man auch das **Sammelticket** kaufen, mit dem eine Auswahl von Museen, Kaufmannshäusern und Tempeln besichtigt werden kann (Öffnungszeiten der Sehenswürdigkeiten tgl. 7–18 Uhr).

CUA-DAI UND AN BANG F7

Nur 4 km östlich erstreckt sich der breite **Cua-Dai-Strand** mit wunderbaren Möglichkeiten zum Schlemmen und Schwimmen. Hier liegen einige sehr schöne Resorts, derweil einfache Seafood-Lokale mit frischen Meeresfrüchten locken. › mehr S. 14 Punkt 14

Ruhiger geht es im sich nördlich anschließenden **An-Bang-Strand** zu. Über die Küstenstraße gelangt man nach Da Nang (25 km).

HOTELS IN HOI AN

Anantara Hoi An Resort €€€

Stilvolle, ruhige Hotelanlage direkt am Fluss mit Pool und gutem Spa. Zwei Restaurants mit europäischer und asiatischer Küche.

- 1 Pham Hong Thai | Tel. 0235/391 45 55
  www.hoi-an.anantara.com

Tan-Ky-Haus – typisches Beispiel eines reichen Kaufmannshauses

Goda Boutique Hotel €€
22 helle und saubere Zimmer, gutes Lokal samt Kochschule.
- 310 Cua Dai | Tel. 0235/392 36 44
  www.godaboutiquehotel.com

Vinh Hung 1 Heritage Hotel €€
Altes Kaufmannshaus mit nur sechs geschmackvollen Zimmern. Sehr beliebt, daher rechtzeitig buchen!
- 143 Tran Phu | Tel. 0235/386 16 21
  www.vinhhungheritagehotel.com

HOTELS CUA DAI UND AN BANG

Victoria Hoi An Beach Resort & Spa €€€
Die architektonische Perle wirkt wie ein Miniatur-Hoi-An.
- Tel. 0235/392 70 40
  www.victoriahotels.asia

An Bang Seaside Village €€
Freundliche Familienbleibe mit stilvollen Zimmern am ruhigeren An Bang Beach.
- Mobil-Tel. 090/666 03 09
  www.anbangseasidevillage.com

RESTAURANTS

Spezialitäten von Hoi An sind *hoanh thanh* (Weizenfladen mit Fleisch und Gemüse), *banh vac* (Reispapier mit Shrimps) und *cao lau* (Reisnudeln mit Schwein und Gemüse).

Brother's Café €€€
Villa in lauschigem Garten am Fluss. Die ganze Vielfalt der vietnamesischen Küche, gute Weinauswahl.
- 27 Phan Boi Chau
  Tel. 0235/391 41 50

The Cargo Club €€
Hoi-An-Spezialitäten im schönen Stadthaus mit Terrasse zum Fluss. Patisserie im Haus, gute Frühstück-Auswahl.
- 107 Nguyen Thai Hoc
  Tel. 0235/391 04 89

Hai Café €€
Gutes Essen am Tag und zu später Stunde ein ansprechender Ort für Musik und Drinks. Bietet auch beliebte Kochkurse im Red Bridge Restaurant am Fluss.
- 98 Nguyen Thai Hoc
  Tel. 0235/386 32 10 | www.visithoian.com

Vinh Hung €
Einfaches Gartenlokal in der Nähe der Japanischen Brücke; lokale Spezialitäten.
- 147 B Tran Phu

CAFÉ

Cocobox
Café, Säftebar und Biolebensmittel.
- 94 Le Loi & 42 Bach Dang
  Tel. 0235/386 20 00

SHOPPING

In Hoi An reiht sich ein Geschäft an das andere. Gute Adressen sind:

Reaching Out Arts & Craft
Behindertenwerkstatt mit guten Qualitätsarbeiten wie Taschen aus Seide. > **mehr S. 18 Punkt 36**
- 103 Nguyen Thai Hoc

Kim Bong Wood Workshop
Traditionstischlerei mit tollen Schnitzarbeiten.
- 106–108 Nguyen Thai Hoc
  Tel. 0235/386 22 79

Metiseko
Schon der altertümliche Laden ist optisch eine Wonne. Umso mehr die hübschen Kleider, Kissen und Accessoires.
- 140–142 Tran Phu
  Tel. 0235/392 92 78 | www.metiseko.com

ARCHITEKTUR DER CHAM

Die Tempelstadt My Son wurde 1969 durch US-Bombardements schwer beschädigt

Wie die Khmer und Javaner waren auch die Cham durch ihre Handelsverbindungen schon sehr früh von indischem Gedankengut geprägt. So errichteten sie ihre Sakralbauten ab dem 7. Jh. aus Stein, während ihre Wohnhäuser aus Bambus und Holz bestanden, denn nur den Göttern waren Gebäude aus unvergänglichem Material vorbehalten. Die ummauerten Tempelanlagen richten sich in der Regel gen Osten und bestehen aus einem turmartigen Eingangspavillon *(gopuram)*, einer Vorhalle *(mandapa)* zur Vorbereitung der Zeremonien, einem seitlichen Gebäude zur Aufbewahrung von Kultgeräten und Gewändern *(koshagraha)* und dem ebenfalls turmartigen, nur außen verzierten Hauptheiligtum *(kalan)*. Letzteres reflektiert drei Sphären der indischen Kosmologie: die quadratische Basis symbolisiert die Erde, der Altar im etwas schmaleren Korpus die spirituelle Vereinigung zwischen Mensch und Gott, und der pyramidenförmige Dachaufbau den Berg Meru als Sitz der Götter.

Auf dem Altar im Inneren befindet sich zumeist ein Lingam mit Yoni als Symbol Shivas. Zuweilen steht dort auch eine Statue, wie etwa im Po Nagar von Nha Trang die Statue der Yang Po Inu Nagar, einer Fruchtbarkeitsgöttin > **S. 128**.

AUSFLÜGE AB HOI AN

MY SON 11 ★ F8

My Son liegt eine Fahrstunde westlich von Hoi An. Starten Sie recht früh, um dem Besucherstrom zu entgehen. Vom 4. bis 13. Jh. befand sich hier das religiöse Zentrum der Cham. In den fast 1000 Jahren entstanden eine Reihe von Tempeltürmen *(kalan)* aus Ziegelstein zur Verehrung der verstorbenen Könige in Gestalt von Shiva und anderen Hindugottheiten. Durch die vielfachen Zerstörungen, vor allem durch US-Bomben während des Vietnamkriegs, blieben von den 70 zu Beginn des 20. Jhs. noch erhaltenen Bauten gerade mal 20 übrig.

Die Tempelgruppen liegen am Fuß des namensgebenden »Schönen Berges« in einem Tal und sind vom Besucherzentrum samt sehenswertem **Museum** 2 km entfernt (kostenloser Shuttle-Service). Am besten erhalten sind die Gruppen C und B mit mehreren schönen Tempelbauten, allen voran der *kalan* der **Gruppe C**. Wunderschöne Verzierungen weisen die seitliche Bibliothek und ein etwas schiefer *kalan* zu Ehren des Elefantengottes Ganesh (beide 10. Jh.) der **Gruppe B** auf.

Die beiden breiten Vorhallen der **Gruppe D** bergen einige Reliefs und Ziergiebel. In der **Gruppe A** jenseits eines Baches stand einst der schönste Tempelturm von My Son. Seit den Bombardierungen von 1969 liegt er weitgehend in Trümmern, wie auch die *kalan* der **Gruppen E** und **F**.

CHAM-INSELN 12 G7

Für Taucher und Schnorchler empfiehlt sich eine Bootstour zu den insgesamt acht Cham-Inseln (Cu Lao Cham). Sie liegen nur 10 km vor der Küste. Badesaison ist von März bis Oktober. Das Cham Island Diving Center in Hoi An (88 Nguyen Thai Hoc, Tel. 0235/391 07 82, www.vietnamscubadiving.com) bietet **Tauch- und Schnorcheltouren** dorthin an. > mehr S. 13 Punkt 10

Das Avani Quy Nhon Resort & Spa liegt in einer wunderbar ruhigen Bucht

PROVINZ QUANG NGAI

Auf der Fahrt gen Süden passiert man die drei Türme von **Chien Dan** 13 F8. Das Cham-Heiligtum stammt aus dem 11./12. Jh. und weist an der Basis des Mittelturms Reliefs mit Tänzerdarstellungen auf. Es gibt ein kleines Museum.

Die uninteressante Provinzhauptstadt **Quang Ngai** 14 G8, 135 km südlich von Da Nang, am Tra-Khuc-Fluss, litt besonders stark unter dem Vietnamkrieg. In der gleichnamigen Provinz liegt die Gemeinde Son My, deren Ortsteil **My Lai** 15 G8 zum Synonym für Tod und Leid wurde. Die Siedlung liegt 13 km von Quang Ngai in Richtung Meer und gelangte zu trauriger Berühmtheit, als am 16. März 1968 im Zuge einer »Search and Destroy«-Aktion 504 Bewohner auf bestialische Weise ermordet wurden. Das Massaker kam nur deshalb ans Tageslicht, weil der Soldat Ronald Ridenhour über die Tötung der Frauen, Alten und Kinder berichtete. Der dafür verantwortliche Leutnant William Calley wurde zwar zu lebenslanger Haft verurteilt, nach einer Begnadigung durch Präsident Nixon aber nur für drei Jahre unter Hausarrest gestellt. In ganz Vietnam gab es Hunderte von Kriegsverbrechen durch US-Soldaten, doch die meisten bleiben bis heute unter dem Mantel des Schweigens verborgen. Heute erinnert eine Gedenkstätte an das Grauen. Anstelle der Häuser gedenken Schilder der ermordeten Hausbewohner. Eine Ausstellungshalle illustriert das Massaker anhand schauriger Fotos und nachgestellter Szenen (tgl. 7–17 Uhr).

Die fruchtbare Landschaft entlang dieses Küstenabschnitts wirkt mit ihren Palmenhainen und Reisfeldern wie ein Kontrastprogramm zu der dunklen Vergangenheit. Etwa 60 km südlich von Quang Ngai bietet sich der lauschige Strand von **Sa Huynh** 16 G8 als Stopp zum Baden und Seafood-Schlemmen an.

QUI NHON 17 G9

Die 165 km südlich von Quang Ngai auf einer Landzunge gelegene Hafenstadt Qui Nhon eignet sich mit ihren Buchten und Cham-Heiligtümern hervorragend als Übernachtungsstopp. Unweit der nahen Provinzstadt Binh Dinh lag hier vom 11. Jh. bis zu seiner Zerstörung 1471 das Zentrum des Cham-Reiches Vijaya. Einige Tempelbauten, darunter das Heiligtum **Banh It** (auch The Bac genannt) aus dem 11. Jh., zeugen von der einstigen Bedeutung.

HOTELS

Avani Quy Nhon Resort & Spa €€€
Schönes Resort in ruhiger Bucht, 15 km südlich. Sehr gutes Spa.
- 55 Ghenh Rang | Bai-Dai-Strand
  Tel. 0256/384 01 32
  www.avanihotels.com

Haven Guest House €
10 km südlich der Stadt und mit 5 Zimmern unweit des Strandes recht familiär.
- Bai Xep | Ghenh Rang
  Tel. 0256/384 00 00
  www.havenvietnam.com

MAL SCHARF, MAL SAUER

Streetfood ist meist köstlich ... und im Süden auch scharf

COM UND PHO

Mit *com* (Reis) und *pho* (Reisnudelsuppe) gekennzeichnete Häuser zeigen an: Hier gibt es etwas zu essen. Vor allem Frauen stellen dort ihre Kochkünste unter Beweis. Schauen Sie einfach in die Töpfe und wählen Sie aus dem Angebot aus. Auch auf den großen Stadtmärkten finden Sie Stände, die Leckeres auftischen. Als wandelnde Garküchen ziehen Frauen mit Tragestangen und Körben umher; sie haben schon zu Hause einfache Speisen zubereitet und verkaufen sie nun für ein paar Tausend Dong. Aus hygienischen Gründen sollten Sie nur gut gekochte Gerichte probieren und zudem auf die Sauberkeit von Tellern, Schalen und Stäbchen achten. Zu den leckersten Gerichten an Essständen gehört sicherlich die mit Sternanis und Zimt gewürzte Nudelsuppe *pho*, die gern zum Frühstück gegessen und daher in der Regel nur vormittags angeboten wird – in den Varianten Rindfleisch *(pho bo)* und Huhn *(pho ga)*.

KLEINER ESSKNIGGE

Wenn Sie in einem besseren Restaurant speisen wollen, warten Sie an der Tür, bis man Sie zum Tisch führt. In einer größeren Gruppe machen Sie es wie die Vietnamesen und bestellen mehrere Gerichte. Denken Sie dabei an die Ausgewogenheit: Fisch und Fleisch, Gemüse, Suppe und natürlich Reis gehören dazu. Beim Bezahlen gilt immer: einer für alle. Einzelrechnungen sind unüblich, man revanchiert sich mit einer Gegeneinladung. Oft wird die Rechnung in einem kleinen Mäppchen gebracht. Vergessen Sie nicht, ein Trinkgeld (ca. 10 % des Rechnungsbetrags) zu hinterlassen. Gleich nach dem Essen bricht die Gesellschaft auf.

REGIONALE SPEZIALITÄTEN

Es überrascht nicht, dass sich in diesem lang gezogenen Land regionale Eigenheiten herausgebildet haben. So sind die Gerichte im kühleren Norden weniger stark gewürzt, dafür wird mehr Suppe gegessen. Im zentralvietnamesischen Hue haben die letzten Könige eine Reihe kulinarischer Spezialitäten hinterlassen. Die Südländer wiederum essen gern schärfer. Durch die verstärkte Mobilität der Bewohner verändern sich jedoch die Vorlieben. So ist *pho* nun im ganzen Land beliebt. Im Folgenden einige lokale Spezialitäten:

- **Norden:** *lau* – Feuertopf mit Salatblättern, Kräutern, Fleisch und Fisch, *cha ca* – gebratener Fisch mit Dill, *bun cha* – kalte Reisnudeln mit gebratenem Fleisch, bevorzugt Rind, und frischen Kräutern. Auch in Suppenform.
- **Zentral-Vietnam:** *banh beo* – gedämpfter Reispudding mit zerkleinerten Garnelen, *banh khoai* – Pfannkuchen mit Schwein oder Garnelen und Sojasprossen, *ca kho to* – Fisch in Karamellsoße
- **Süden:** *nem nuong* – Schweinefleischbällchen auf Spießen, *bun thit nuong* – Reisnudeln mit gegrilltem Schweinefleisch, *ga xao xa ot* – Hühnerfleisch mit Zitronengras, *canh chua tom* – süßsaure Garnelensuppe, u. a. mit dem Blattstiel der Taro.

REZEPT: GLASNUDELSUPPE MIT HUHN (CANH MIEN)

Für 4 Personen: je 10 g getrocknete Morcheln und Tongku-Pilze (oder andere) mit kochendem Wasser übergießen und ca. 30 Min. ziehen lassen, dann abgießen, Stiele entfernen und die Pilze in Stücke schneiden. 50 g Glasnudeln in heißem Wasser 10 Min. quellen lassen, abgießen und auf ca. 5 cm Länge schneiden. Ein kleines Suppenhuhn waschen, häuten, ausnehmen und 15 Min. in 1,5 l Wasser kochen. Das Hühnerfleisch ablösen und klein schneiden. Die Brühe in einen Topf geben, Hühnerfleisch, Nudeln, Pilze und 1 gewürfelte Zwiebel hinzufügen, mit 1/2 TL Salz und 2 EL reiner Fischsoße abschmecken. Weitere 15 Min. kochen lassen, ggf. Fettschicht abschöpfen, damit die Suppe klar bleibt. Mit frisch gemahlenem Pfeffer würzen in Suppenschalen füllen, mit Koriandergrün garnieren und servieren.

Eine vietnamesische Nudelsuppe ist ein leichtes Essen

DER SÜDEN

Mit dem Motorrad lassen sich mehr Lasten transportieren, als der Europäer sich träumen lässt

In Nam Bo, dem »Südlichen Land«, zeigt sich Vietnam von seiner tropisch-freundlichen Seite. Die Region mit dem Wirtschaftszentrum Ho-Chi-Minh-Stadt (Saigon) gilt als landwirtschaftliches Rückgrat des Landes.

Europäer zieht es vor allem im Winter an die Buchten und Strände. Auch Einheimische tummeln sich gern am Strand, bevorzugt bei der Hafenstadt **Vung Tau** oder östlich von **Long Hai.** Am Strand von **Mui Ne** bei Phan Thiet, 200 km nordöstlich von Ho-Chi-Minh-Stadt, erfreuen kräftige Brisen die Surfer, wüstenartige Dünen die Wanderer. An der Küste Richtung Norden sieht man Relikte der Cham, besonders bei **Phan Rang-Thap Cham.** In einigen Dörfern leben auch noch Angehörige dieser Volksgruppe.

Die fruchtbare Hochebene um **Da Lat** ist ein romantisches Ziel für Flitterwöchner. Während im frühen 20. Jh. Kolonialherren und betuchte Einheimische aus dem schwülen Saigon hierher flohen, sind es heute Angehörige der rapide wachsenden Mittelschicht. Wasserfälle und Seen in der Umgebung zählen zu den beliebtesten Ausflugszielen.

Nha Trang, 450 km nordöstlich von Ho-Chi-Minh-Stadt, ist für Vietnamesen der Inbegriff von Sonne, Sand und Meer. Geschützt von einer inselreichen Bucht kann man hier an 300 Sonnentagen im Jahr in die Fluten springen. Für Taucher empfiehlt sich die Unterwasserwelt rund um die vorgelagerten Inseln. Mit seinen zahlreichen Minihotels ist das Seebad auch bei Budgetreisenden beliebt.

TOUREN IN DER REGION

TOUR 5

DURCH DAS FRUCHTBARE HOCHLAND

ROUTE: Nha Trang > Phan Rang-Thap Cham > Da Lat > Ho-Chi-Minh-Stadt

KARTE: Seite 112
LÄNGE: 520 km

DAUER: 3–4 Tage
PRAKTISCHE HINWEISE:
- Wer den vielen Touristengruppen zuvorkommen möchte, sollte möglichst früh starten.
- Für die Strecke Nha Trang–Da Lat sollten Sie sich einen Wagen mit Fahrer mieten.
- Für die direkte Weiterfahrt nach Ho-Chi-Minh-Stadt stehen auch zahlreiche bequeme Busverbindungen zur Verfügung.

Karte S. 112

TOUR-START:

Auf der Fahrt von Nha Trang nach Ho-Chi-Minh-Stadt bietet sich ein Abstecher ins Hochland an. Die Nationalstraße 1A führt an Salzbecken und Reisfeldern vorbei bis nach **Phan Rang-Thap Cham** 12 › S. 126, wo das Heiligtum Po Klong Garai einen Besuch lohnt. Weiter geht es auf der N27 Richtung Hochland. Die 108 km lange Straße nach **Da Lat** 14 › S. 131 wird von Gemüsefeldern, Kaffeeplantagen und Obstgärten gesäumt. Im kühlen Klima der 1500 m hoch gelegenen Stadt können Sie ganz nach Lust und Zeit mehrere Tage bleiben. Dann geht es entlang der N20 in Richtung **Ho-Chi-Minh-Stadt** 1 › S. 111 (310 km). Unterwegs rechtfertigen die Maulbeerbaum-, Kaffee- und Teeplantagen ausgiebige Stopps. Im 850 m hoch gelegenen Kaffeezentrum Bac Loc offerieren Geschäfte herrlich duftende Kostproben. Naturfreaks können einen Abstecher in den **Cat-Tien-Nationalpark** 15 › S. 133 unternehmen. Dafür empfiehlt sich allerdings eine weitere Übernachtung.

TOUR 6

SÜDLICHE KÜSTEN-IMPRESSIONEN

ROUTE: Nha Trang › Phan Rang-Tap Cham › Mui Ne › Ho-Chi-Minh-Stadt

KARTE: Seite 112

LÄNGE: 450 km
DAUER: 1 Tag
PRAKTISCHER HINWEIS:

- Alle Orte der Tour, auch der Cham-Tempel Po Klong Garai, werden von Open-Tour-Bussen angesteuert. Der Nachteil: Sie wandeln inmitten der Touristenmassen. Um sie zu meiden, mieten Sie sich einen Wagen mit Fahrer und starten in Nha Trang vor 7 Uhr.

TOUR-START:

Die Strecke von Nha Trang auf der Nationalstraße 1A nach Ho-Chi-Minh-Stadt ist gut an einem Tag zu bewältigen. Sie verläuft zunächst entlang der Küste. Im 105 km weiter südlich gelegenen **Phan Rang-Thap Cham** 12 › S. 126 können Sie das Heiligtum Po Klong Garai besichtigen, bevor es durch eine zuweilen savannenartige Landschaft geht: Hier, im Regenschatten der Berge, gehen weniger als 1000 mm Niederschlag im Jahr nieder.

Mui Ne 9 › S. 125 bei Phan Thiet bietet sich für entspannte Strandtage an. Vorbei an Pflanzungen der kakteenartigen Drachenfrucht verläuft die Nationalstraße 1A nun landeinwärts durch ein fruchtbares Gebiet mit Cashewnussplantagen und Zuckerrohrfeldern. Schon in der Kolonialzeit entstanden die endlosen Reihen von Kautschukbäumen, die Sie zwischen Long Khanh und Bien Hoa passieren, ehe der immer dichter werdende Verkehr die Metropole **Ho-Chi-Minh-Stadt** 1 › S. 111 ankündigt.

VERKEHRSMITTEL

Der Tan-Son-Nhat-Flughafen von Ho-Chi-Minh-Stadt ist das internationale Eingangstor zum Süden Vietnams. Es bestehen tägliche Verbindungen nach Nha Trang und Da Lat. Parallel zur gut ausgebauten Nationalstraße 1A verläuft die Bahnlinie mit täglich mehreren Zügen zwischen Ho-Chi-Minh-Stadt und Nha Trang. Auch das Hochland ist dank der ausgebauten Straßen gut an den Rest des Landes angeschlossen.

UNTERWEGS IM SÜDEN

HO-CHI-MINH-STADT

1 8 E12

Den sperrigen Namen Ho-Chi-Minh-Stadt benutzen die Bewohner ziemlich selten. Vielmehr nennen sie ihre Heimatstadt beim alten Namen **»Saigon«.** Das klingt nach sonniger Leichtigkeit und praller Lebenslust, nach typisch vietnamesischem Unternehmergeist und französischem Flair. Die Faszination dieses urbanen Molochs liegt weniger in seinen Sehenswürdigkeiten. Es ist der Mix aus kolonialer Noblesse und modernem Lifestyle, aus Rastlosigkeit und Geschäftigkeit, der die Besucher in seinen Bann zieht.

GESCHICHTE

Saigon wurde 1698 gegründet, gewann aber erst 1790 an Statur, als der Fürst Nguyen Anh hier die Zitadelle Gia Dinh baute. Nicht weit entfernt hatten sich Migranten aus China niedergelassen und die Handelsstadt Cholon, »Großer Markt«, gegründet. Die Franzosen besetzten 1859 die Zitadelle und machten sie drei Jahre später zum Zentrum der neuen Kolonie *Cochinchine*. In den folgenden Jahrzehnten avancierte Saigon zum »Paris des Ostens«.

Nach der Teilung 1954 stieg Saigon zur Hauptstadt Südvietnams auf und wurde zunehmend zum Schauplatz der Auseinandersetzungen zwischen dem katholischen Präsidenten Diem und den Buddhisten. 1965 landeten die ersten US-Truppen und legten infolge des eskalierenden Vietnamkriegs einen gewaltigen Militärring um die Stadt.

Mit der Eroberung des Präsidentenpalastes am 30. April 1975 war

Die backsteinrote Notre-Dame mit ihren 40 m hohen Türmen in Ho-Chi-Minh-Stadt

schließlich die Wiedervereinigung erreicht. Vietnams größte Stadt wurde nun nach Ho Chi Minh › S. 67 benannt und versank über mehrere Jahre in Agonie. Dank der 1986 eingeläuteten Wirtschaftsreformen erlebt die 8-Millionen-Metropole gegenwärtig einen rasanten Aufschwung.

DAS KOLONIALE ZENTRUM ★

Das alte Saigon lässt sich gut zu Fuß erkunden. Am besten beginnen Sie am geschäftigen Saigon-Fluss, an dessen Kais Boote in allen Größen bis zu Frachtern festmachen.

An der 1 Dong Khoi, an der Ecke zur Hafenstraße Ton Duc Thang, steht seit 1925 das legendäre **Hotel**

Majestic 🕮 c4, ein koloniales Schmuckstück mit aussichtsreicher Dachterrasse. Die Dong Khoi war einst als Rue Catinat *die* Flaniermeile der Stadt und ist es auch heute wieder. Entlang der schmalen Allee reihen sich ehrwürdige Hotels, feine Restaurants und schicke Geschäfte. > mehr S. 18 Punkt 38

Ein Abstecher in die Dong Du (unweit des Sheraton) führt zur **Zentralmoschee** 🕮 c4, der größten der Stadt. Sie wurde 1935 von südindischen Muslimen gestiftet und ist mit ihrem Garten eine Insel der Stille. Einige Schritte weiter öffnet sich die Dong Khoi zum großen Lam-Son-Platz, dessen rechte Seite

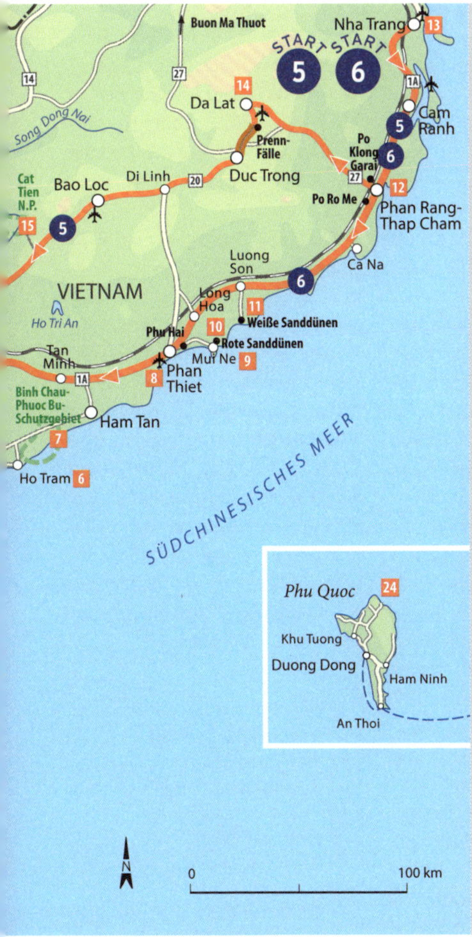

TOUREN IM SÜDEN UND IM MEKONG-DELTA

TOUR 5

DURCH DAS FRUCHTBARE HOCHLAND

Nha Trang > Phan Rang-Thap Cham > Da Lat > Ho-Chi-Minh-Stadt

TOUR 6

SÜDLICHE KÜSTEN-IMPRESSIONEN

Nha Trang > Phan Rang-Tap Cham > Mui Ne > Ho-Chi-Minh-Stadt

TOUR 7

LEBENDIGE FLUSSLANDSCHAFTEN

Ho-Chi-Minh-Stadt > My Tho > Can Tho > Chau Doc > Ho-Chi-Minh-Stadt

TOUR 8

AN DEN GOLF VON THAILAND

Can Tho > Rach Gia > Hon Chong > Ha Tien > Phu Quoc

Karte S. 115

vom 1899 erbauten **Stadttheater** c4 dominiert wird. Der neobarocke Prachtbau diente den Franzosen als Opernhaus, später der südvietnamesischen Republik als Parlament und heute wieder der Muse.

Schräg gegenüber nimmt das **Hotel Continental** A c4 (132–134 Dong Khoi) bereits seit 1880 Gäste auf, darunter illustre Persönlichkeiten wie Graham Greene. In seinem Roman »Der stille Amerikaner« verewigte er die heute nicht mehr vorhandene Terrasse.

An der 141 Nguyen Hue/Ecke Le Loi treffen Sie auf das **Hotel Rex** b4, dessen Vergangenheit als Autowerkstatt, Handelszentrum und Nachrichtenzentrale der US-Armee so bunt ist wie seine Dachterrasse. Auf einem begrünten Platz an der Nguyen Hue zeigt sich der stehende Ho Chi Minh in grüßender Pose. Vor dem Denkmal lassen sich frisch getraute Paare gern fotografieren. Als Kulisse dient das gelbe **Rathaus** b4 von 1908 an der Le Thanh Ton. Das Gebäude wurde 1908 nach Pariser Vorbild mit Uhrtürmchen eröffnet, drinnen residiert heute das Volkskomitee der Stadt (Besichtigung nur von außen).

Zurück auf der Dong Khoi stehen Sie bald vor der **Kathedrale Notre Dame** B b3. Sie wurde von 1877 bis 1883 als neoromanischer Backsteinbau errichtet und 1900 mit den beiden spitzen Turmdächern vollendet. Gleich nebenan liegt die 1891 erbaute **Hauptpost**. Mit ihrer verspielten Fassade und den gusseisernen Trägern zählt sie zu den schönsten Kolonialbauten der Stadt. Im Innern schmücken zwei riesige historische Landkarten die Wände.

ENTLANG DER LE DUAN

Hinter der Kathedrale verläuft quer die Le Duan. In Richtung Osten führt der breite Boulevard am geschichtsträchtigen **Amerikanischen Konsulat** b2 vorbei, an dessen Stelle die einstige US-Botschaft stand. Von deren Dach hoben im April 1975 die letzten amerikanischen Hubschrauber ab, um insgesamt 2100 Menschen zu der im Meer wartenden 7. Flotte zu transportieren. Die Bilder der Evakuierungsflüge gingen um die ganze Welt.

Die Le Duan endet am weitläufigen **Zoo** c/d 1/2 mit seinem Botanischen Garten. Auf dem Gelände erinnert ein **Tempel der Hung-Könige** C c2 an die mythologischen Anfänge Vietnams. Etwas faktenreicher stellt das **Historische Museum** D b1 (2 Nguyen Binh Kiem, tgl. 8–11.30, 13.30-17 Uhr), vis-à-vis Zeugnisse des Funan-Reiches sowie Fundstücke aus den alten Kulturen der Khmer, der Cham und späterer Epochen aus. Zudem gibt es regelmäßig Vorstellungen des Wasserpuppentheaters.

- A Hotel Continental
- B Kathedrale Notre Dame
- C Tempel der Hung-Könige
- D Historisches Museum
- E Tempel des Jadekaisers
- F Palast der Einheit
- G Stadtmuseum
- H Mariammam-Tempel
- I Ben-Thanh-Markt

TEMPEL DES JADEKAISERS E ★ b1

Anschauungsunterricht in Sachen Volksreligion bietet die Chua Ngoc Hoang (73 Mai Thi Luu), ein 1909 von Chinesen aus der Provinz Guangdong gestifteter Tempel zu Ehren des Jadekaisers. Im Inneren von zwei unscheinbaren Gebäuden entfaltet sich die ganze Pracht des Volksdaoismus: Der von Erd- und Torgott flankierten Eingangstür folgen Buddhas, Generäle und andere illustre Gestalten. Auf dem Hauptaltar residiert der Jadekaiser mit seinem Hofstaat.

Eine Tür führt zum Nebengebäude, das sich zunächst den zehn Höllen widmet. In üppiger Schnitzkunst ist an Seitenwänden aus dunklem Holz fantasiereich dargestellt, welche grausamen Strafen die zehn strengen Richter armen Sündern auferlegen. In einem abgetrennten Bereich repräsentieren zwölf Frauen je ein Jahr des chinesischen Kalenderzyklus. Die vielen Seidenumhänge der Figuren belegen die Hochachtung, die sie bei den Gläubigen genießen.

BUNTE MÄRKTE

- Der **Ben-Thanh-Markt** im alten Zentrum von Ho-Chi-Minh-Stadt und der **Binh-Tay-Markt** im chinesisch geprägten Stadtteil Cholon bestechen nicht nur durch ihr riesiges Angebot, sondern auch durch ihre historischen Fassaden › S. 117.
- Dass die Hafenstadt Phan Thiet vom Reichtum des Meeres lebt, wird auf dem frühmorgens stattfindenden **Fischmarkt** deutlich › S. 125.
- Nha Trangs Lage am Meer spiegelt sich ebenfalls im Angebot auf dem **Cho-Dam-Markt** wider. Neben Fisch und Meeresfrüchten kann man dort die charakteristische Warenvielfalt eines Stadtmarktes bestaunen › S. 130.
- Für das Hochland typische Gemüse- und Obstsorten stapeln sich auf dem **Markt von Da Lat** › S. 132.
- Die 1915 direkt am Fluss erbaute **Markthalle** in Can Tho hat ihren Charme bewahrt › S. 141.

PALAST DER EINHEIT F ★ a4

Auf ihrer Westseite endet die breite Le Duan am »Palast der Einheit«. Die Franzosen bauten für ihren Generalgouverneur 1868 inmitten eines 12 ha großen Parks das verschwenderische Palais Norodom. Nach 1954 residierte dort Präsident Diem, bis zwei Piloten seiner Luftwaffe den Präsidentenpalast im Zuge eines Putschversuchs 1962 stark beschädigten. Diem ließ den Palast daraufhin abreißen und gab einen modernen Bau in Auftrag. Das 1966 fertiggestellte »Betonprachtstück« ist noch in Reinkultur erhalten. Geschichtlich besonders interessant sind die unterirdischen Bunkeranlagen mit historischen Karten (106 Nguyen Du, tgl. 7.30 bis 11, 13–16 Uhr).

STADTMUSEUM G b4

In diesem neoklassizistischen Gebäude an der 65 Ly Tu Trong/Ecke Pasteur können Sie in die Geschichte der Stadt eintauchen. Allerdings ist die Sammlung etwas verwirrend, revolutionslastig und ideologisch recht einseitig. 1890 eröffnet und nach dem ersten König von Hue Gia-Long-Palast genannt, diente der mausgraue Prachtbau den Gouverneuren von Cochinchina als Residenz. Ab 1962 lebte hier Präsident Ngo Dinh Diem bis zu seiner Ermordung (tgl. 8–17 Uhr).

Der grüne Innenhof des Binh-Tay-Marktes im chinesischen Viertel Cholon

MARIAMMAN-TEMPEL H ★ a5

Das Hindu-Heiligtum in der 45 Truong Dinh zaubert einen Hauch von Indien nach Ho-Chi-Minh-Stadt. Ende des 19. Jhs. von tamilischen Hindus zur Verehrung der »Mutter des Regens«, Mariamman, errichtet, finden sich heute an Vollmondtagen viele vietnamesische Gläubige in diesem Tempel ein. Der bunte Torturm (*gopuram*) ist der südindischen Tradition folgend mit zahlreichen Götter- und Tierfiguren geschmückt.

BEN-THANH-MARKT I ★ b4/5

Einen Straßenzug weiter blüht der Handel. Rund um die 1914 erbaute Markthalle haben fliegende Händler ihre Karren aufgestellt und Frauen sitzen mit ihren Waren am Boden. Innerhalb der Halle mit ihren schmalen Gängen reicht das Angebot von Porzellan über Textilien bis hin zu Fleisch und Gemüse. Hier können Sie auch günstig Gewürze und Souvenirs einkaufen. Den Haupteingang der Halle erkennen Sie am markanten Uhrturm.

CHOLON

Das chinesische Viertel macht seinem Namen (»Großer Markt«) alle Ehre. Hier scheinen die Bewohner vorwiegend mit dem Handel beschäftigt, denn in den Straßen reiht sich ein Laden an den anderen. Am schnellsten schlägt wohl das Krämerherz in und um den **Binh-Tay-Markt** J an der Thap Muoi. In der stets wuseligen Halle von 1920 finden Sie ein riesiges Angebot an Nahrungsmitteln und Haushaltsgegenständen. › mehr S. 12 Punkt 5

In der Nähe liegt an der Phu Huu die 1902 geweihte katholische Kirche **Cha Tam.** Sie ist benannt nach dem chinesischstämmigen päpstlichen Legaten François Xavier Tam Assou (1855 bis 1934), der hier begraben ist. Bekanntheit erlangte sie, als der gestürzte Präsident Diem und sein Bruder am 1. November

1963 in die Kirche flohen, von Soldaten abgeholt und beim Abtransport erschossen wurden.

Gehen Sie zurück zur breiten Hauptstraße, die in die Hai Thuong Lan Ong mündet. An der Ecke mit der Phung Hung findet im **Chua Ong Bon** K der bärtige Gott des Reichtums und des Glücks regen Zulauf. Folgen Sie der Hai Thuong Lan Ong weiter und biegen links in die Chau Van Liem ein. Am breiten Hung-Vuong-Boulevard (Nr. 184) liegt schräg gegenüber die **Phuoc An Hoi Quan** L ★, eine Versammlungshalle der Chinesen aus der Provinz Fujian (1902) zu Ehren des Generals Quan Cong. › mehr S. 18 Punkt 40

Zurück auf der Chau Van Liem biegen Sie direkt links in die Lao Tu ein. Auf der linken Straßenseite zieht der **Chua Quan Am** M ★ (12 Lao Tu) Gläubige in Scharen an. Auf mehreren Altären wird die Göttin der Barmherzigkeit vor allem von Frauen verehrt. Hier können Sie Heilungs- und Beschwörungsrituale, Wahrsagereien und Opfergaben des Volksdaoismus beobachten.

Ein typisches Beispiel für eine südchinesische Versammlungshalle finden Sie im **Mieu Thien Hau** N ★ (710 Nguyen Trai). Im Innenhof stehen auf mehreren Tischen Bronze- und Messinggefäße für die Räucherstäbchen. Noch länger aber senden die riesigen Räucherspiralen

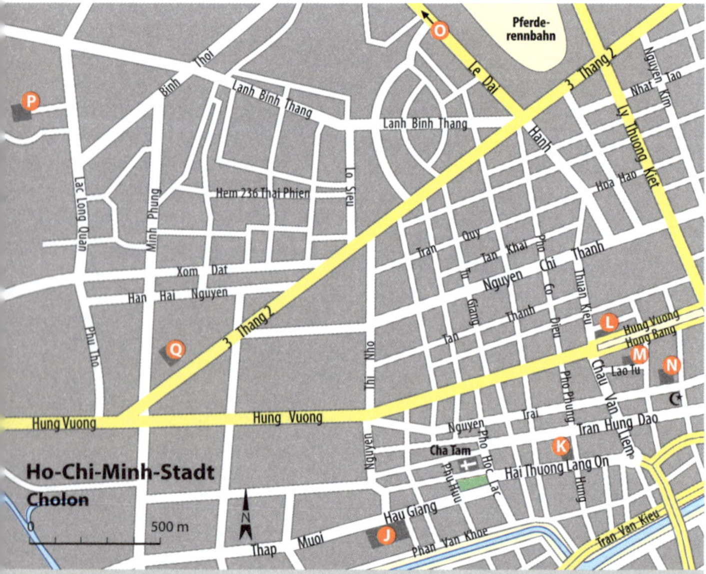

J Binh-Tay-Markt
K Chua Ong Bon
L Phuoc An Hoi Quan
M Chua Quan Am
N Mieu Thien Hau
O Chua Giac Lam
P Chua Giac Vien
Q Chua Phung Son Tu

Räucherspiralen schicken Botschaften gen Himmel

an der Decke ihre Botschaft nach oben. Im hinteren Gebäude überragt die Statue von Thien Hau, der besonders von Fischern und Reisenden verehrten »Gemahlin des Himmels«, den Altar. Flankiert wird sie von zwei weiteren Himmelsmüttern (Thanh Mau) auf den Seitenaltären. Die Dachfirste im Innenhof sind mit Porzellan- und Glasfiguren beladen, die Szenen aus Legenden und Glück bringende Tiere und Symbole darstellen.

BUDDHISTISCHE KLÖSTER

Nördlich von Cholon liegen einige buddhistische Klöster, die mit ihrer beschaulichen Atmosphäre angesichts der urbanen Hektik nicht nur wohltuend wirken, sondern auch wahre Kunstschätze bergen, etwa die 1744 gegründete und damit älteste Anlage der Stadt, **Chua Giac Lam** O ★ (118 Lac Long Quan). Ihre flachen Gebäude mit den kurzen Firsten sind typisch für südvietnamesische Klöster. Im Inneren birgt das Kloster namens »Wald der Erleuchtung« eine Vielzahl von Figuren, insbesondere in der Haupthalle (Schuhe ausziehen). Auf verschiedenen Altären sind Höllenkönige, Bodhisattvas und Buddhas zu finden. Ein Wunschbaum mit 49 Öllampen samt Miniaturfigur des Medizin-Buddhas soll die Seelen der Verstorbenen auf ihrem Weg ins Totenreich begleiten. In einem eigenen Raum werden die Urnen der Toten aufbewahrt.

Von ähnlicher Gestalt ist das Kloster zum »Garten der Erleuchtung«, **Chua Giac Vien** P ★ (247 Lac Long Quan), unweit des Dam-Sen-Parks. Aus einer Einsiedelei ging 1850 ein lebendiges Kloster hervor. Auch hier lohnt der Blick in das figurenreiche Sanktuarium mit wunderbarem Schnitzwerk an den Säulen.

Die **Chua Phung Son Tu** ⓠ ★ aus dem frühen 19. Jh. liegt ein wenig abseits der breiten Ausfallstraße 3 Thang 2, kurz vor ihrer Einmündung in die Hung Vuong in einem großen Garten mit Teich. Auf dem linken Seitenaltar in der Haupthalle steht eine Statue des bärtigen Bodhidharma (Bo De Dat Ma), der im 6. Jh. den Meditationsbuddhismus nach China brachte.

INFOS

Viele kleine Agenturen konkurrieren im Traveller-Viertel rund um die Pham Ngu Lao.

Asian Trails

Erfahrene Reiseagentur mit ausgefallenen Touren.

- HMC Tower | 193 Dinh Tien Hoang Dist. 1 | Tel. 028/391 02 871 www.asiantrails.info

Stadttouren

Geführte Touren mit Ralf Dittko, einem langjährigen Kenner der Stadt.

- Mobil-Tel. 090/377 09 53 www.hanoikultour.com

ANREISE

Der Tan Son Nhat International Airport liegt etwa 7 km nördlich des Stadtzentrums. Die je nach Verkehr halbstündige Taxifahrt ins Zentrum kostet ca. 5 $.

Vietnam Airlines

- Union Square, 171 Dong Khoi & 116 Nguyen Hue | beide Dist. 1 Tel. 028/38 44 66 67

Viet Jet Air

- 284 Nam Ky Khoi Nghia | Dist. 3 Tel. 028/62 66 76 67

HOTELS

Caravelle €€€

Das 1959 eröffnete 5-Sterne-Hotel ist mit seinem modernen Anbau eine der Topadressen der Stadt. Top ist auch die Saigon Saigon Rooftop Bar.

- 19–23 Lam Son Square Dist. 1 Tel. 028/38 23 49 99 www.caravellehotel.com

Majestic €€€

1925 eröffnete Hotellegende mit eleganten Suiten und herrlichem Blick über den Fluss von der Dachterrasse mit Restaurant.

- 1 Dong Khoi | Dist. 1 Tel. 028/38 29 55 17 www.majesticsaigon.com.vn

Anpha Boutique Hotel €€

Zentral gelegene 3-Sterne-Unterkunft mit 21 kleinen Zimmern und lauschiger Dachterrasse.

- 202 Le Thanh Ton | Dist. 1 Tel. 028/38 23 88 90 www.anphaboutiquehotel.com

Christina's Saigon €€

Eine Art Homestay mit Boutique-Standard. Allein in Ho-Chi-Minh-Stadt gibt es 17 Wohnungen mit Zimmern diverser Preis- und Komfortklassen. Guter Service.

- 212/2B Nguyen Trai | Dist. 1 Mobil-Tel. 097/539 77 14 www.christinas.vn

Saigon Signature Hotel €€

Solides 3-Sterne-Hotel mit 72 Zimmern in Marktnähe. Guter Service.

- 65–67–69 Nguyen Thai Binh Dist. 1 Tel. 028/39 14 11 99 www.signaturesaigonhotels.com

Spring Hotel €€

Wegen des guten Service und zentraler Lage eine beliebte Bleibe mit 44 Zimmern. Nicht weit von der Dong Khoi.

- 44–46 Le Thanh Ton | Dist. 1
  Tel. 028/38 29 73 62
  www.springhotelvietnam.com

Chez Mimosa Homestay €

Unter dem Namen »Chez Mimosa« firmieren vier Boutique-Unterkünfte, darunter das familiäre »Homestay« mit 5 hellen Räumen und etwas kolonialem Touch.

- 20 St. 48 | Dist. 4 | Tel. 028/38 38 98 83
  www.chezmimosa.com

Zahlreiche weitere **Budget-Unterkünfte** gibt es südwestlich vom Ben-Thanh-Markt rund um die Straßen Pham Ngu Lao, De Tham und Bui Vien.

RESTAURANTS

Cuc Gach Quan €€€

Vietnamesische Haute Cuisine in einer schönen Kolonialvilla. Hier wird auf Qualität geachtet und beim Kochen auf Glutamat verzichtet.

- 10 Dang Tat | Ward Tan Dinh | Dist. 1
  Tel. 028/38 48 01 44

Koto Saigon €€€

Wie im Schwesterlokal in Hanoi lernen auch hier ehemalige Straßenkinder die Kunst des Kochens. Nettes Ambiente umrahmt das Mahl.

- 19 Nguyen Dinh Chieu | Dist. 1
  Tel. 028/38 22 93 57

Hum Vegetarian €€

Eine von drei Filialen mit guten vegetarischen Gerichten und schöner Lounge.

- 2 Thi Sach | Dist. 1
  Tel. 028/38 23 89 20

Temple Club €€

Angesagtes Restaurant in einer alten chinesischen Stadtvilla mit guter Fusionsküche und schicker Lounge. Reservieren!

- 29–31 Ton That Thiep | Dist. 1
  Tel. 028/38 29 92 44

Vietnam House €€

Hier wird in eleganter Atmosphäre die bekannte Hue-Küche serviert.

- 93–97 Dong Khoi | Dist. 1
  Tel. 028/38 22 22 26

SELBER KOCHEN

In Kochschulen kann man die vietnamesische Küche kennenlernen. Zu den klassischen Angeboten zählt ein halbtägiger Kurs, der mit dem gemeinsamen Einkauf auf dem Markt beginnt. Gute Adressen sind:

- **Saigon Cooking Class by Hoa Tuc**
  74/7 Hai Bai Trung | Dist. 1
  Tel. 028/38 25 84 85
  www.saigoncookingclass.com
  › mehr S. 13 Punkt 11
- **Verticale Restaurant**
  19 Ngo Van So | Hanoi
  Tel. 024/39 44 63 17
  www.didiercorlou-hanoirestaurants.com
- **Vy's Market Restaurant & Cooking School**
  3 Nguyen Hoang | An Hoi Islet
  Tel. 0235/392 69 26
  www.tastevietnam.asia
- **Red Bridge**
  Thon 4, Cam Thanh | Hoi An
  Tel. 0235/393 32 22
  www.visithoian.com

Wrap & Roll €€
Frische Frühlingsrollen und andere Köstlichkeiten für den kleinen und großen Hunger. Mehrere Filialen.

- 62 Hai Ba Trung | Dist. 1 und
  11 Huynh Thu Khang | Dist. 1
  Weitere Filialen: www.wrap-roll.com

Highlands Coffee €–€€
Vietnams Antwort auf Starbucks mit stylischem Interieur. Mehrere Filialen.

- Bitexco Financial Tower, 2 Hai Trieu
  Dist. 1 | Tel. 028/38 21 35 55

SHOPPING

Duy Tan – Saigon Artisan
Ausgesuchtes vietnamesisches Kunsthandwerk.

- 76 A Le Loi | Dist. 1
  www.saigonartisan.com

Mekong Quilts
Von Landfrauen hergestellte Handarbeiten wie Decken, Bettcover und Kissen.

- 68 Le Loi | Dist. 1
  www.mekongquilts.com

Weitere Empfehlungen › **Seitenblick Einkaufen S. 51.**

NIGHTLIFE

Trendige Bars, hippe Diskotheken und lauschige Kneipen sprießen im schnelllebigen Ho-Chi-Minh-Stadt wie Pilze aus dem Boden. Hier einige empfehlenswerte Adressen:

Sax n'Art Club
Nähe Rex-Hotel. Die richtige Adresse für gepflegte Jazz-Klänge, fast täglich Live-Sessions.

CAODAI

Im Jahr 1920 erschien dem Kolonialbeamten Ngo Van Chieu bei einer Séance ein strahlendes Auge, ein Ereignis, das in den folgenden Jahren auch einigen seiner Kollegen widerfuhr. 1926 gründeten sie die Sekte des »Cao Dai Tien Ong«, des »Höchsten unsterblichen Seins«, die sich selbst als letzte Offenbarung der großen Weltreligionen versteht. Die Oberpriester empfangen Lehren und Anweisungen von in Trance versetzten Medien: schlagwortartige Aussagen der verschiedenen Religionen oder berühmter Persönlichkeiten, darunter der chinesische Republikgründer Sun Yatsen, der französische Schriftsteller Victor Hugo und der vietnamesische Dichter Nguyen Binh Khiem (1492 bis 1587).

Die Gemeinschaft ist hierarchisch organisiert; an der Spitze stehen Kardinäle und ein Papst. Ihre Mitglieder folgen strikten Vorschriften zu Kleidung und vegetarischer Ernährung, die Priester und Priesterinnen leben im Zölibat. Die Caodai waren nicht immer so friedliebend, wie sie heute erscheinen. Sie bauten eine Privatarmee auf und kontrollierten mit ihr die Provinz Tay Ninh. Erst der katholische Präsident Diem bekämpfte ihren Einfluss und entwaffnete sie. Nach anfänglichen Repressalien durch die kommunistische Führung können die heute etwa 2 Mio. Mitglieder ihren Glauben wieder unbehelligt praktizieren.

- 28 Le Loi
  www.facebook.com/saxnart

Level 23 Nightspot
Schöne Bar mit toller Aussicht und Livemusik. Zu später Stunde wird getanzt.
- Sheraton Saigon Hotel
  88 Dong Khoi | Dist. 1

Chill Sky Bar
Angesagte Lounge mit DJ. Chillen mit teuren Cocktails und hippen Ho-Chi-Minh-Städtern. > **mehr S. 15 Punkt 21**
- 26. & 27. Stock | AB Tower
  76 A Le Lai | Dist. 1

Social Club
Beliebte Lounge im 24. Stock des Hotel Des Arts Saigon. Lange Getränkeliste und ein guter Blick auf die Stadt.
- 76–78 Nguyen Thi Minh Khai | Dist. 3

AUSFLÜGE AB HO-CHI-MINH-STADT

Per Mietwagen können Sie die Tunnel bei **Cu Chi** und den Hauptsitz der Caodai-Sekte in **Tay Ninh,** 120 km nordwestlich von Ho-Chi-Minh-Stadt, besuchen. Dazu müssen Sie früh aufbrechen, um die Mittagszeremonie im Caodai-Dom nicht zu verpassen. Die Tagestour verläuft entlang der N22 in Richtung Nordwesten. Nach etwa 30 km zweigt man rechts in eine Seitenstraße ab und fährt über mehrere Abzweigungen durch eine Kautschukplantage bis Ben Den, wo der erste von zwei Tunnelkomplexen liegt. Zurück auf der N 22 geht es dann weiter Richtung kambodschanische Grenze. Bei Go Dau biegt die Straße gen Norden ab und verläuft bis zur Provinzstadt Tay Ninh.

CU CHI 2 ★ E12

Im Tunnelsystem von Cu Chi versteckte die Bevölkerung schon 1948 Vorräte und Waffen vor den Franzosen, doch in den 1960er-Jahren wurde es zu einem regelrechten Labyrinth von 200 km Umfang ausgebaut. Ohne von den Tunneln zu wissen, bauten die Amerikaner einen Militärstützpunkt darauf und wunderten sich über nächtliche Sabotage. Als sie die Sache durchschaut hatten, versuchten sie mit allen Mitteln, das unterirdische Gängesystem zu zerstören: Weite Flächen wurden entlaubt, mit Diesel besprüht und mit Napalm bombardiert. Als dies nicht half, schickte man Schäferhunde in die Tunnel, die mit blutigen Nasen in die Flucht geschlagen wurden. Dann wurden »Tunnelratten« eingesetzt, kleinwüchsige Soldaten, die das Abwehrsystem aber genauso wenig knacken konnten. Zehntausende Soldaten und Zivilisten auf beiden Seiten kamen ums Leben.

Heute sind die Tunnel an zwei Orten, in **Ben Dinh** und im 15 km weiter gelegenen, und daher weniger überlaufenen **Ben Duoc,** für Besucher erweitert und befestigt. Ein Führer veranstaltet ein wenig Cowboy-und-Indianer-Spiel beim Suchen von Einstiegsschächten und auf dem Weg durch die kurzen Röhren.

Cu Chi können Sie auch über den Saigon-Fluss per Boot erreichen.

TAY NINH 3 ★ D12

Außerhalb der Provinzhauptstadt **Tay Ninh** liegt der weitläufige Hauptsitz der Caodai › S. 122. Von einem mächtigen Tor führt eine breite Prachtstraße zum großen **Dom**. Zwei quadratische Türme ragen über das flache Kirchenschiff auf, das sich an europäische Vorbilder anlehnt, aber knallbunt verziert ist. Überall leuchtet das Allsehende Auge in einem Dreieck, von dem neun Strahlen ausgehen – das Gottessymbol der Caodai. Die Neun spielt auch im Inneren des Doms eine Rolle, denn neun flache Stufen führen zu einer riesigen Weltkugel mit dem magischen Auge an der Stirnseite des Schiffes.

Jeweils um 6, 12, 18 und 24 Uhr ziehen die weiß gekleideten Gläubigen und die bunte Gewänder tragenden Würdenträger in den Dom ein und lassen sich vor dem Altar nieder. Während der Zeremonie müssen Besucher auf der Empore Platz nehmen, wo das Orchester auf traditionellen Instrumenten spielt.

VUNG TAU 4 E13

Zwar sind die Strände von Vung Tau nicht die besten, aber sie sind von Ho-Chi-Minh-Stadt (125 km) per Auto oder besser Expressboot in zwei Stunden zu erreichen. Zum Baden empfiehlt sich der **Hintere Strand** (Bai Sau).

Auf einem Spaziergang gelangt man zur **Chua Ngoc Bich**, einer farbenfrohen Nachbildung der Einsäulenpagode › S. 68 von Hanoi. Die benachbarte **Chua Quan Am Nam Hai** ist der Göttin der Barmherzigkeit (Quan Am) gewidmet.

An der Spitze der Halbinsel blickt eine 30 m hohe Jesusfigur übers Meer. Die interessanteste Sehenswürdigkeit liegt am Nordende des Vorderen Strandes: die **Weiße Villa** (Bach Dinh). Das zweigeschossige Haus in einem Garten war einst die Residenz französischer Gouverneure und ist heute ein Museum.

HOTELS

Binh An Village €€
Sehr hübsches Boutiqueresort mit 9 Zimmern und Villen plus 2 Pools direkt am Strand.
- 1 Tran Phu | Bai Truoc
  Tel. 0254/351 07 32
  www.binhanvillagevungtau.com

The Wind Boutique Resort €€
Hübsche Unterkunft auf dem Berg mit 8 Zimmern und Suiten.
- B10, 84 Phan Chu Trinh
  Vung Tau
  Tel. 0254/385 88 59
  www.thewind.com.vn

DIE KÜSTE BEI LONG HAI

Die Strände nordöstlich von Vung Tau, vor allem jene, die sich an die Hafenstadt **Long Hai** 5 F12 anschließen, sind schön und zumindest unter der Woche ruhig. Zudem gibt es dort eine Reihe recht komfortabler Resorts. In der Nähe von **Ho Tram** 6 F12 erstreckt sich entlang der Küste das Schutzgebiet **Binh Chau-Phuoc Buu** 7 F12 mit einigen heißen Quellen.

HOTELS

Alma Oasis Long Hai €€€
Mehrere Villen verteilen sich in einem 13 ha großen Tropengarten.
- 44 A Long Hai | Tel. 0254/366 22 22
  www.almaoasislonghai.com

Ho Tram Beach Boutique Resort & Spa €€€
Sehr stilvolles Resort an ruhigem Strandabschnitt. Großer Pool, gutes Spa.
- Phuoc Thuan | Xuyen-Moc-Dist.
  Tel. 0254/378 15 25
  www.hotramresort.com

PHAN THIET 8 F12

Die Hafenstadt Phan Thiet lebt vom Reichtum des Meeres. Während eine Armada bunter Kutter in der Mündung des Ca-Ty-Flusses ein wunderbares Fotomotiv abgibt, löst die allerorts angebotene Fischsoße vor allem unter den Vietnamesen kulinarische Freuden aus. Frühmorgens lohnt sich ein Besuch auf dem lebendigen Fischmarkt am Kai.

MUI NE 9 ★ 9 F12

Östlich von Phan Thiet erstreckt sich der bekannte Küstenstreifen von Mui Ne: ein 22 km langes Band von Palmen und Strand, gesäumt von Hotels und Resorts. Bei durchschnittlich nur 1000 mm Niederschlag im Jahr und 27 °C Tagestemperatur können Sie sich dort ganz dem Strandleben hingeben. Es bietet sich ein Ausflug zu den **Roten Sanddünen** 10 ★ F12 an, die unweit des Fischerdorfes Mui Ne aufragen. Die unversehens wie ein Stück Sahara anmutenden **Weißen Sanddünen** 11 ★ F12 liegen ca. 25 km nördlich von Mui Ne. › mehr S. 15 Punkt 25

HOTELS

Cham Villas €€€
12 Garten- und sechs Strandbungalows mit Pool und viel Tropengrün.
- 32 Nguyen Dinh Chieu
  Tel. 0252/374 12 34
  www.chamvillas.com

Mui Ne ist ein Fischerdorf – und der Fang war gut

Coco Beach Resort €€€
31 klimatisierte Bungalows, ein großer Pool und ein gutes Restaurant versprechen Erholung.
• 58 Nguyen Dinh Chieu
Ham Tien | Tel. 0252/384 71 11
www.cocobeach.net

Mia Mui Ne Resort €€€
Sehr angenehme Bungalowanlage mit Bar und Restaurant am Strand, Wassersportmöglichkeiten, Spa und Pool.
• 24 Nguyen Dinh Chieu
Tel. 0252/384 74 40 | www.miamuine.com

RESTAURANT

Sindbad €€
Hierhin hat sich das östliche Mittelmeer verirrt. Leckere Shawarmas und Döner.
• 233 Nguyen Dinh Chieu
Mobil-Tel. 0169/991 52 45

AKTIVITÄTEN

Dank Windstärken um 18 Knoten an über 220 Tagen im Jahr herrschen hier hervorragende Bedingungen für Surfer. Bretter, Kites und wichtige Tipps zu Windverhältnissen und Strömung bekommt man bei:
Jibe's Beach Club
• 90 Nguyen Dinh Chieu
Tel. 0252/384 74 05
www.windsurf-vietnam.com

PHAN RANG-THAP CHAM 12 G11

Rund um die Doppelstadt Phan Rang-Thap Cham verteilen sich einige Siedlungen der Cham, darunter das 5 km südwestlich gelegene Dorf **Tuan Tu**, und mehrere bedeutende Heiligtümer. Der gedrungen wirkende *kalan* des **Po Ro Me** stammt aus dem 15./16. Jh. und ist von der N 1A über die Abzweigung in Hau Sanh zu erreichen.

Ein lohnenderes Ziel ist der auf einem Hügel thronende **Po Klong Garai** ★. Der wahrscheinlich im 13./14. Jh. erbaute Cham-Tempel liegt nördlich der N 27 nach Da Lat und besteht aus dem gut erhaltenen *kalan* mit Vorbau, einer Bibliothek und einem Eingangspavillon. Über dem Eingang des Vorbaus zeigt ein Steinrelief den tanzenden Gott Shiva. Hinter der Holztür blickt eine Statue des Stiergottes Nandi in den dunklen und engen quadratischen Innenraum. Dort ist Shiva durch einen Lingam verkörpert: Der Phallusstein hat ein eingeschnitztes Gesicht, das den Zügen eines Cham-Königs nachgebildet ist.

Außen gliedern rechteckige Halbpfeiler die Wände des *kalan*, jede Seite besitzt einen Scheineingang, in dessen Nische Reliefs von meditierenden Asketen sitzen. Das dreistufige Dach ist stark durch aufgesetzte Ecktürme und weitere Nischen gegliedert.

An der N 1A, 14 km nördlich der Stadt, erhebt sich eines der ältesten Heiligtümer der Cham, **Hoa Lai**, aus dem 8./9. Jh. Achten Sie auf die feinen Verzierungen des nördlichen Ziegelturms.

NHA TRANG 13 ★ 10 G11

Eine von Gebirgszügen geschützte Bucht, 300 Sonnentage im Jahr und durchschnittlich 27 °C – kein Wunder, dass sich Nha Trang unter den

Vietnamesen großer Beliebtheit erfreut. Hier wird nicht gekleckert, sondern geklotzt: Entlang des breiten Strandboulevards Tran Phu ragen immer mehr Hoteltürme gen Himmel. Eine Seilbahn verbindet das Festland mit der touristisch erschlossenen Bambusinsel Hon Tre, einige Kilometer südlich der Stadt lockt ein riesiger Freizeitpark. Die 350 000 Einwohner zählende Hafenstadt an der Mündung des Cai-Flusses gibt sich zunehmend international. Wer Meeres- und Stadtluft schnuppern möchte, ist hier genau richtig. Der 6 km lange Sandstrand entfaltet mit seinen Cafés und Liegestühlen unter den Kokospalmen ein angenehmes mediterranes Flair.

AM STRANDBOULEVARD

Im **Pasteur-Institut** an der Uferstraße Tran Phu (nördl. Bereich) illustriert eine umfangreiche Ausstellung das Leben des Schweizer Arztes Alexandre Yersin (1863 bis 1943). Der Entdecker des Diphtherie-Erregers hatte das Institut 1895 gegründet und sich durch wichtige Forschungen einen Namen gemacht. Yersin organisierte das Gesundheitswesen und gab der kolonialen Plantagenwirtschaft wichtige Impulse. (8–10 Tran Phu, Mo bis Fr 8–11, 14–16.30 Uhr.

Am Südende des Stadtstrandes auf der Landzunge Cau Da führt eine Straße zu den **Bao-Dai-Villen,** die 1923 für den letzten Nguyen-König auf einem Hügel errichtet wurden. Heute werden die fünf inmitten eines weitläufigen Gartens gelegenen Häuser als Hotel genutzt, wirken jedoch etwas vernachlässigt – dafür entschädigt der schöne Meerblick.

Sehr informativ ist das 1922 an der Südseite der Landzunge gegründete **Ozeanografische Institut** mit Tausenden von lebenden und präparierten Meeresbewohnern in Aquarien und Schaukästen (1 Cau Da, tgl. 8–18 Uhr).

IM STADTZENTRUM

Von einem Hügel westlich des Bahnhofs, an der Ausfallstraße 23 Thang 10, überblickt seit 1967 eine weiß getünchte **Buddhafigur** die Stadt (schönes Panorama!) Die Figur ist über Treppen von der **Chua Long Son** aus zu erreichen. Die Bauten der 1886 gegründeten »Pagode des Drachenberges« stammen aus den 1940er-Jahren und später. Heute ist auf dem Gelände eine bedeutende Schule für Mönche angesiedelt. › mehr S. 14 Punkt ⓯

Auf dem Weg nach Norden passiert man den bildhübschen **Fischerhafen,** wo blaue Boote in der Mündung des Cai-Flusses dümpeln. Die schönsten Motive bieten sich morgens von der Tran-Phu-Brücke und nachmittags von der Xom-Bong-Brücke aus. Vielleicht erblicken Sie dann auch Fischer in ihren wackligen Rundkörben › S. 128.

PO NAGAR ★

Gleich hinter der Xom-Bong-Brücke ragt auf der linken Seite die bedeutendste Sehenswürdigkeit der Stadt auf, das Cham-Heiligtum Po Nagar. Schon im 4. Jh. soll auf diesem Hügel ein Tempel zu Ehren der »Himmlischen Mutter der Königsstadt«, Yang Po Inu Nagar, gestanden haben. Unter den heute erhaltenen, zwischen dem 9. und 13. Jh. errichteten Gebäuden ist eine 817 eingeweihte **Vorhalle** mit achteckigen Säulenstümpfen das älteste.

Eine Treppe führt den Hügel hinauf zu dem als Nordturm bezeichneten **Haupttempel** aus dem 11. Jh. Ausgeprägte Doppelpilaster und Arkaden schmücken den knapp 23 m hohen *kalan,* kleine Türme und Figuren dessen dreistöckiges Dach. In die Sandsteinrahmen des Eingangs sind zwischen dem 11. und 13. Jh. verfasste Schenkungsberichte eingraviert, darüber zeigt der Ziergiebel Mahishasura Mardini, die auf dem Wasserbüffel-Dämon Mahisha stehende Durga. Im Innern blieben die beiden einzigen Holztüren von Cham-Heiligtümern erhalten. Sie geben den Blick frei auf die Yang Po Inu Nagar, dargestellt als vielarmige Göttin. Dreimal jährlich werden ihre prachtvollen Gewänder im Rahmen einer großen Zeremonie gewechselt.

Die anderen vier erhaltenen Türme waren weniger wichtigen Göttern geweiht, etwa der niedrige, mit Tiergöttern geschmückte **Nordwestturm** (10. Jh.) dem elefantenköpfigen Ganesh.

SCHWIMMENDE KÖRBE

Sie sind in Nha Trang nicht zu übersehen: mit Pech versiegelte Korbboote von etwa 2 m Durchmesser. In ihnen stehen oder hocken die Passagiere, während der Kapitän das Stechpaddel bedient. Die Fischer lernen von Kindesbeinen an, mit den *thung chai,* »Pechkörbe«, genannten Booten umzugehen. Dabei nimmt wohl so mancher »Pechvogel« ein ungewolltes Bad. An manchen Stellen können sich auch Touristen in einem dieser Boote herumpaddeln lassen.

› mehr S. 13 Punkt 7

INSELN IN DER BUCHT

In der Bucht liegen mehrere Inseln verstreut, die 2001 zum »Meeresschutzgebiet Hon Mun« erklärt wurden. Zur größten, **Hon Tre,** führt eine Seilbahn. Auf der »Bambusinsel« sorgen schöne Strände und ein großes Resort samt Freizeitpark für einen steten Besucherstrom. Die benachbarte, etwas südlich gelegene **Hon Mieu** birgt die kuriose Betonkopie eines Piratenschiffes, das in mehreren Becken und Aquarien die bunte Meeresfauna präsentiert. Am weitesten ist es bis **Hon Yen,** der Schwalbeninsel, wo mutige junge Männer in die Felsen klettern und die Nester der Weißnest-Salangane ernten, wenn die Jungen ausgeflogen sind. Die hauptsächlich aus Speichel bestehenden harten Gebilde gelten in einigen asiatischen Ländern als Delikatesse.

HON-CHONG-FELSEN

Die Ausfallstraße namens 2 Thang 4 führt zum **Hon-Chong-Felsen** am nördlichen Strand von Nha Trang.

Auf dem Felsen können Sie einen ca. 1 m großen Handabdruck erkennen. Der Legende zufolge schaute eines Tages ein im Himmel lebender Riese einer Fee beim Nacktbaden zu. Zur Strafe fiel er buchstäblich aus allen Wolken; die beiden verliebten sich ineinander. Die Götter aber verbannten den Riesen. Vergeblich wartete die Fee auf seine Rückkehr, schließlich legte sie sich nieder und erstarrte zu Stein, dem Feenberg. Nach langer Zeit kehrte der Riese zurück und erkannte die Fee im Berg. Da verneigte er sich vor ihr, hinterließ dabei den Handabdruck und wurde ebenfalls zu Stein – eine Legende, die vor allem Selfie-schießende Touristengruppen fasziniert.

INFO

Khanh Hoa Tourism

- 1 Tran Hung Dao | Tel. 0258/382 27 53

ANREISE

Der Flughafen von Nha Trang dient nur militärischen Zwecken. Zivilmaschinen landen 35 km südlich in Cam Ranh. Jeweils 2 Std. vor Abflug einer Maschine fährt ein Bus vom Eingang des Flughafens in Nha Trang nach Cam Ranh (2 $).

HOTELS

Evason Ana Mandara €€€

Das noble Resort vermietet Bungalows in einem Garten direkt am Strand.

- 86 Tran Phu | Tel. 0258/352 22 22
  www.sixsenses.com

Mia Resort Nha Trang €€€

Stylishes Strandresort mit modernen Bungalows und Villen, ca. 20 km südlich.

- Bai Dong, Cam Hai Dong
  Tel. 0258/398 96 66
  www.mianhatrang.com

Christina's Nha Trang €€

Die 9 geräumigen Studios sind stylisch-modern und äußerst zentral gelegen. Zur Strandpromenade sind es nur wenige Gehminuten.

- 64b/17 Tran Phu
  Mobil-Tel. 097/539 77 14
  www.christinas.vn

Novotel Nhatrang €€

Hotelkasten mit 154 schönen, meist kleinen Zimmern (mit Meerblick).

- 50 Tran Phu
  Tel. 0258/625 69 00
  www.novotel.com

Ein traditioneller »Pechkorb«

Gosia Hotel €–€€
Moderner Hotelkasten mit 83 Komfortzimmern (Standard recht niedrig) und einem Pool im 21. Stock. Schöne Ausblicke und recht zentral gelegen.
- 116 Hung Vuong | Tel. 0258/629 99 90
  www.gosiahotel.com

Carpe DM €
Freundliches Familienhotel mit geräumigen Zimmern zu gutem Preis.
- 120/62 Nguyen Thien Thuat
  Tel. 0258/352 78 68
  www.carpedmhotel.com

White Lion 2 Hotel €
Gut ausgestattetes Minihotel mit schlichten, aber sauberen Zimmern. Nettes Café.
- 4 A Biet Thu | Tel. 0258/352 42 86

RESTAURANTS

Viele Lokale sind im Viertel zwischen der Biet Thu und der Tran Quang Khai angesiedelt.

Nha Trang Sailing Club €€
Der Club verfügt über drei stilvolle Restaurants direkt am Strand: Ganesh (indisch), Sen (vietnamesisch) und Sandals (international).
- 72–74 Tran Phu

Alpaca Homestyle Café €
Ein entspanntes Café mit guter Speisenauswahl, leckerem Gebäck und guten Kaffees.
- 10/1B Nguyen Thien Thuat

SHOPPING

Cho Dam, der auch architektonisch gelungene »Markt im Sumpf« bietet die typische Warenvielfalt eines Stadtmarktes.

Long Thanh
Vietnams bekanntester Fotograf verkauft in seinem Atelier stimmungsvolle Schwarz-Weiß-Aufnahmen von Land und Leuten.
- 126 Hoang Van Thu
  Tel. 0258/382 48 75
  www.longthanhart.com

NIGHTLIFE

Nach Sonnenuntergang ist in Nha Trang durchaus was los, beispielsweise in der Disco der Nha Trang Lodge oder zu später Stunde im Nha Trang Sailing Club (beide liegen am Strandboulevard Tran Phu). Viele Kneipen reihen sich zudem entlang der Nguyen Thien Thuat.

AKTIVITÄTEN

Für Familien und Wassersportfreunde bieten sich viele Möglichkeiten. Mehrere Tauchschulen arrangieren Fahrten zu den Tauchgründen bei Hon Mun:

Rainbow Divers
- 19 Biet Thu | Tel. 0258/352 43 51
  www.divevietnam.com

Sailing Club Divers
- 72–74 Tran Phu | Tel. 0258/352 27 88
  www.sailingclubdivers.com

Der familienfreundliche **Nha Trang Wonderpark,** 14 km südlich der Stadt, bietet eine Poollandschaft und vielfältige Sportmöglichkeiten direkt an der Küste.

Golfer finden ihr Glück im **Diamond Bay Resort** neben dem Wonderpark.

Auch der **Vinpearl Amusement Park** auf der Insel Hon Tre bietet ein vielfältiges Freizeitangebot für Groß und Klein, Info: www.nhatrang.vinpearlland.com.

Rund um Da Lat gibt es eine Vielzahl von Wasserfällen – hier Pongour

DA LAT 14 ★ F11

Die »Stadt des ewigen Frühlings« trägt ihren Namen angesichts der angenehmen klimatischen Bedingungen zu Recht. Alexandre Yersin › S. 127 hatte 1893 bei einer Expedition die Vorzüge des 1500 m hoch gelegenen Plateaus erkannt und der Kolonialverwaltung den Aufbau eines Kur- und Erholungsortes an dieser Stelle empfohlen. Der Vorschlag gefiel, und so wurden 1899 die ersten Grundsteine gelegt. In den folgenden Jahrzehnten trieb die Grande Nation den Ausbau der Infrastruktur schnell voran. Die Straße von Phan Rang war 1914 fertiggestellt, 1938 der architektonisch gelungene Bahnhof.

Mit dem Bau von Hotels, Kirchen und Villen nahm Da Lat das Gesicht einer europäischen Stadt an. In den 1930er-Jahren lebten über 2000 Franzosen hier. Auch die neuen Machthaber im Süden schätzten den Ort. Präsident Diem konfiszierte die Villen für seine Familie und die Militärs.

Seit den 1990er-Jahren wählen immer mehr Vietnamesen Da Lat zum bevorzugten Ziel ihrer Flitterwochen. Inzwischen leben über 200 000 Menschen hier. Ihr Einkommen erzielen sie überwiegend aus der Landwirtschaft und dem Tourismus. Dabei geraten auch die Lat und andere Bergvölker zur Sehenswürdigkeit. Im 19. Jh. waren sie noch unter sich, woran der Stadtname erinnert: *da lat* bedeutet »Fluss der Lat«.

UNTERWEGS IN DER STADT

An Sehenswürdigkeiten hat Da Lat wenig zu bieten, aber auf Spaziergängen oder Kutschfahrten kommen Sie an einigen markanten

Punkten des weitläufigen Ortes vorbei. Das Zentrum liegt rund um den **Markt,** auf dem das Obst aus der Umgebung verkauft wird. › mehr S. 14 Punkt 17

Über die Le Dai Hanh gelangen Sie zum kleinen Staudamm für den **Xuan-Huong-See,** benannt nach einer Dichterin aus dem 19. Jh. Südlich des Sees liegen am Hang die Kolonialhotels Dalat Palace und Novotel, überragt von der **Kathedrale** (1942). Vorbei am ehemaligen Petit Lycée Yersin, heute Kulturinstitut, und dem Pasteur-Institut für Naturwissenschaften gelangen Sie zur 1938 erbauten **Sommerresidenz von Bao Dai**, dem letzten vietnamesischen König (Dinh III, Trieu Viet Phuong, tgl. 7–17 Uhr).

Entlang des südlichen Seeufers in Richtung Westen kommt man über die Tran Hung Dao zur **ehemaligen Residenz des Generalgouverneurs** (1933). Die heute als Restaurant Dinh II bekannte Villa in einem Rosengarten ist stark von Art nouveau und Art déco geprägt.

Weiter südlich entstanden ab den 1940er-Jahren, als immer mehr Vietnamesen hier siedelten, mehrere buddhistische Tempel. Nördlich des Sees breitet sich der 1922 angelegte **Golfplatz** aus. Nicht weit östlich davon liegt ein attraktiver **Blumengarten.**

INFO

Dalattourist

Rege Touristenorganisation. Man kann hier Ausflüge und Villen buchen.

- 1 Le Dai Hanh | Mobil-Tel. 098/116 60 88
  www.dalattourist.com.vn

HOTELS

Dalat Palace Heritage Hotel €€€

1922 eröffnetes Kolonialhotel mit schönem Blick, das den alten Charme Indochinas auferstehen lässt. Tipp: ein Drink im urigen Palace Club.

- 2 Tran Phu | Tel. 0263/382 54 44
  www.dalatresorts.com

Du Parc Hotel Dalat €€

Dalats zweites, 1932 eröffnete Traditionshotel verbindet moderne Einrichtung mit kolonialem Charme. Die 140 Zimmer sind teilweise recht klein.

- 15 Tran Phu | Tel. 0263/382 57 77
  www.dalathotelduparc.com

Villa Vista Dalat €€

Eine hübsche Villa am Rand der Stadt mit vier gemütlichen Zimmern im Retrostil.

- 40 Ngo Thi Sy (neben dem Doi Ong Su-Tempel)
  Mobil-Tel. 093/307 34 28
  www.villavistadalat.com

Crazy House (Hang Nga Villa) €

Eine Unterkunft, die nicht jedermanns Sache, aber originell ist: Die einfachen Zimmer befinden sich in drei Baumhäusern aus Beton.

- 3 Huynh Thuc Khang
  Tel. 0263/382 20 70
  www.crazyhouse.vn

RESTAURANTS

In Marktnähe locken viele kleine Cafés zur Einkehr. Probieren Sie auch den hier produzierten Wein. › mehr S. 14 Punkt 13

Bicycle Up Café €

Witziges Café mit Recycle-Deko, gutem Kaffee und vietnamesischen Suppen.

- 82 Truong Cong Dinh

Da Quy – Wild Sunflowers €
Das unter Touristen beliebte Familienlokal serviert leckere vietnamesische Gerichte zu günstigen Preisen.
• 119 Phan Dinh Phun

The Escape Bar €
Beliebte Bar mit Livemusik, guten Drinks und soliden Snacks. Je später, desto stimmungsvoller.
• Muong Thanh Holiday Da Lat Hotel
4 Phan Boi Chau

AKTIVITÄTEN

Dalat Palace Golf Club
Schöne 18-Loch-Anlage aus dem Jahr 1922.
• Tel. 0263/382 12 01
www.dalatpalacegolf.com

AUSFLÜGE AB DA LAT

SEUFZERSEE UND TAL DER LIEBE F11

Etwa 6 km nordöstlich von Da Lat weckt der **Seufzersee** Erinnerungen an ein unglückliches Mädchen, das sich hier aus Liebeskummer ertränkt haben soll. 5 km nördlich der Stadt zieht das **Tal der Liebe** vorwiegend junge Paare an. Sie steigen den Hügel hinauf, vorbei an ungezählten Erfrischungs- und Verkaufsständen, um von oben einen Blick auf den See im Tal zu genießen.

ROBIN HILL UND PARADIESSEE F11

Robin Hill und **Paradiessee** (Ho Tuyen Lam), 2 km südlich von Da Lat, sind ebenfalls sehr beliebte Ausflugsziele, besonders weil eine 2,3 km lange Seilbahn die beiden Orte direkt miteinander verbindet und traumhafte Ausblicke in die Umgebung gewährt.

WASSERFÄLLE F11

Entlang der Nationalstraße 20 in Richtung Ho-Chi-Minh-Stadt breiten sich vielerorts Maulbeerbaum- und Kaffeeplantagen aus, während Teebüsche sich wie grüne Teppiche in die Hügellandschaft schmiegen. Teils von der Straße, teils nach Abstechern, können Sie mehrere Wasserfälle besuchen. Einen richtigen Picknickpark gibt es an den **Prenn-Fällen,** 12 km südlich von Da Lat, wo ein Fluss auf 30 m Breite ganze 15 m in die Tiefe stürzt.

LANG BIANG-BERG F11

Der höchste Berg der Umgebung liegt ca. 18 km nördlich von Da Lat. Wenn Sie den 2167 m hohen Gipfel erwandern wollen (ca. 2 Std. einfach), sollten Sie eine gute Kondition und Wanderschuhe dabeihaben.

CAT-TIEN-NATIONALPARK

Naturinteressierten empfiehlt sich der **Cat-Tien-Nationalpark** 15 F11, ein Refugium für Nashörner, Elefanten und anderes Großwild. Man biegt in Ma Da Gui, 50 km südlich von Bao Loc, von der N 20 ab und fährt 23 km weiter bis zum Parkeingang. Auf den verschiedenen Wanderwegen wird man mit Glück eine der 360 Vogelspezies erspähen und mit Sicherheit auf Insekten treffen. In der Nähe des Parkbüros gibt es einfache Übernachtungsmöglichkeiten (www.namcattien.org, Tel. 0251/366 92 28) › mehr S. 12 Punkt 3.

DAS MEKONG-DELTA

Lotosblumen im Mekong Delta

Aus der Vogelperspektive wirkt das Delta wie ein grün-blaues Labyrinth aus breiten Strömen und fadendünnen Kanälen. Es ist eine Wasserwelt mit schwimmenden Märkten, palmengesäumten Flüssen und nicht enden wollenden Reisfeldern.

Wegen seiner vielen Flussarme nennen die Vietnamesen das Gebiet Cuu Long, »Neun Drachen«. Mit 40 000 km^2 fast so groß wie die Schweiz, bietet es nahezu 23 Millionen Menschen – fast ein Viertel der Gesamtbevölkerung Vietnams – eine Heimat.

Sie leben vom natürlichen Reichtum der südlichsten Landesspitze. Reisernten sind bis zu dreimal im Jahr möglich, über die Hälfte des nationalen Gesamtertrags stammt von hier. Auch der Obstanbau und die Fischzucht spielen eine wichtige Rolle. Touristen zeigt sich der Reichtum des Deltas auf einer stimmungsvollen Bootsfahrt. Dabei können sie in die üppige tropische Vegetation und das Leben der Menschen am Flussufer eintauchen.

Das nur 70 km südwestlich von Ho-Chi-Minh-Stadt gelegene **My Tho** gilt als Tor zum Delta und wird daher von vielen Tagestouristen besucht, die auf Bootsfahrten die Flussinseln ansteuern.

Eine weitere, zu Recht sehr populäre Tourvariante verläuft von Cai Be nach **Vinh Long**. Dabei besucht man Obstplantagen, einen schwimmenden Markt und durchfährt verschiedene Kanäle. **Can Tho** im Herzen des Deltas eignet sich als Übernachtungsstopp und Ausgangspunkt für den Besuch von schwimmenden Märkten in der Umgebung. Per Boot auf dem Hau Giang oder mit einem Wagen entlang einer Landstraße kann man in Richtung kambodschanischer Grenze nach **Chau Doc** weiterfahren. Dort leben in umliegenden Dörfern Angehörige der Cham und Khmer, während schwimmende Häuser der Fischzucht dienen. Auch lohnt sich ein Abstecher zum Pilgerberg **Nui Sam.**

Viele Reisende verlassen Vietnam über Chau Doc und fahren per Schnellboot in die Hauptstadt Kambodschas, Phnom Penh, weiter. Dagegen reisen bislang nur wenige Touristen an den Golf von Thailand, etwa zur Hafenstadt **Rach Gia** und in das sehr idyllisch gelegene **Ha Tien**. Zwischen diesen beiden, 92 km voneinander entfernten Orten erstreckt sich eine sehr interessante Küstenlandschaft.

Vietnams größte Insel **Phu Quoc** schmiegt sich an das kambodschanische Festland und ist von Ho-Chi-Minh-Stadt aus nur eine Flugstunde entfernt. Da die Insel mit Flughäfen aus der Region verbunden ist, eignet sie sich perfekt als Abschluss einer Vietnamreise. Natürlich können Sie sich den ganzen Tag an ihren attraktiven Stränden tummeln, es gibt eine endlose Vielfalt an schönen Resorts. Fahren Sie aber auch mal ins Landesinnere, wo es viel zu entdecken gibt.

TOUREN IN DER REGION

TOUR 7

LEBENDIGE FLUSSLANDSCHAFTEN

ROUTE: Ho-Chi-Minh-Stadt > My Tho > Can Tho > Chau Doc > Ho-Chi-Minh-Stadt

KARTE: Seite 112
LÄNGE: 600 km
DAUER: 4 Tage
PRAKTISCHE HINWEISE:

- Mehrere in Ho-Chi-Minh-Stadt angesiedelte Agenturen bieten Touren ins Mekong-Delta in allen möglichen Preissegmenten und Varianten an. Darin sind immer auch Bootsausflüge eingeschlossen.
- Individuell lässt sich die Fahrt bis Chau Doc nur mit großem Zeitaufwand organisieren.

TOUR-START:

Von der südvietnamesischen Metropole geht es zunächst nach **My Tho** 16 > S. 137 und von dort vorbei an **Vinh Long** 17 > S. 139 nach **Can Tho** 18 > S. 139. Die stark befahrene Strecke ist eher eintönig. Daher sollten Sie unterwegs unbedingt eine Bootstour einbauen, etwa von Cai Be nach Vinh Long.

Can Tho bietet sich als Übernachtungsstopp an, um von dort per Boot die umliegende Flusslandschaft zu erleben. Bis nach **Chau Doc** 19 > S. 142 sind es 117 km entlang einer belebten Landstraße, die einen schönen Einblick in das Delta-Leben gibt. Man passiert Kanäle mit Fischernetzen und die Städte Thot Not (lebendiger Markt!) und Long Xuyen. Wer nicht ins 300 km entfernte Ho-Chi-Minh-Stadt zurückfahren will, kann von Chau Doc nach Kambodscha weiterreisen.

TOUR 8

AN DEN GOLF VON THAILAND

ROUTE: Can Tho > Rach Gia > Hon Chong > Ha Tien > Phu Quoc

KARTE: Seite 112
LÄNGE: 212 km
DAUER: 4 Tage
PRAKTISCHE HINWEISE:

- Mieten Sie für diese Tour in Can Tho einen Wagen mit Fahrer.
- Von Rach Gia oder Phu Quoc können Sie nach Ho-Chi-Minh-Stadt zurückfliegen.

TOUR-START:

Diese Strecke ist touristisches Entwicklungsgebiet, denn bislang reisen nur wenige Besucher von der Delta-Metropole **Can Tho** 18 > S. 139

in Richtung Golf von Thailand. Dabei ist diese Variante sehr reizvoll, denn einerseits haben Sie auf der Fahrt entlang der N 80 die Möglichkeit, das ländliche Leben kennenzulernen, zum anderen erwartet Sie zwischen dem lebendigen Ort **Rach Gia** 21 › S. 142 und dem einladenden **Ha Tien** 22 › S. 143 eine landschaftlich äußerst attraktive Strecke: Entlang der Küste haben Sie immer wieder sehr schöne Ausblicke aufs Meer. Unterwegs lohnt sich eine Badeunterbrechung auf der Halbinsel Hon Chong › S. 143. Von Rach Gia aus können Sie per Fährboot oder Flugzeug zur Insel **Phu Quoc** 23 › S. 144 weiterreisen. Dort locken verträumte Strände und lauschige Resorts.

VERKEHRSMITTEL

Rach Gia, Can Tho und die Insel Phu Quoc verfügen über Flughäfen, die mehrmals täglich von Ho-Chi-Minh-Stadt aus angesteuert werden. Die Straßenverhältnisse im Delta sind gut, und es herrscht ein reger Busverkehr zwischen den Hauptorten. Auch Wagen mit Fahrer sind über Hotels und die staatlichen Verkehrsämter leicht zu buchen. Letztere arrangieren außerdem Bootstouren in die Umgebung.

UNTERWEGS IM MEKONG-DELTA

MY THO 16 E12/13

Die Stadt (200 000 Einwohner) liegt 70 km südlich von Ho-Chi-Minh-Stadt, zwischen dem linken Ufer des Tien Giang und dem Bao-Dinh-Kanal. 1683 von chinesischen Einwanderern gegründet, entwickelte sich My Tho schnell zum Handelszentrum – kein Wunder, waren von

Zweiräder aller Art sind das Verkehrsmittel der Wahl

LEBENSADER ASIENS

Das Leben im Mekong-Delta findet am und auf dem Wasser statt

Der mächtige Mekong entspringt bescheiden im Hochland von Tibet. Sein Name leitet sich aus dem thailändischen »Mae Nam Khong« (Mutter-Wasser Khong) ab. Gemächlich fließt er über rund 4600 km durch Südwestchina, Myanmar, Thailand, Laos und Kambodscha, wo er sich südlich von Phnom Penh teilt. In Vietnam spaltet er sich in neue Arme auf und ergießt sich nach weiteren 220 km ins Meer.

Die äußerste Südostspitze des Landes liegt nur wenige Meter über dem Meeresspiegel, ist weitgehend von Mangroven bedeckt und wird während der Regenzeit häufig überschwemmt und versalzt. Die fruchtbaren Schwemmböden liegen also weiter landeinwärts. Überschwemmungskatastrophen wie im Norden sind hier unbekannt, denn der Mekong hat ein gigantisches Abflussbecken, den Tonle-Sap-See in Kambodscha. Das Wasser kann über den Tonle-Sap-Fluss in den See fließen.

Spuren einer Besiedlung des Deltas lassen sich 2000 Jahre zurückverfolgen. Hier lag Funan, das erste indisierte Staatengebilde Südostasiens. Sein Aufstieg begann im 1. Jh., als es über seinen Hafen in Oc Eo – zwischen Long Xuyen und Rach Gia gelegen – den Seehandel kontrollierte und Kontakte zu Persien, Indien, China und sogar dem Römischen Reich unterhielt. Ab dem 7. Jh. wurde Funan von den immer mächtiger werdenden Khmer-Herrschern abgelöst. Im 17. Jh. drängten die Viet in die Region und begannen das Gebiet verstärkt urbar zu machen. Auch chinesische Migranten ließen sich nieder und gründeten eigene Siedlungen, u. a. My Tho und Can Tho. Doch erst unter den Franzosen, die das Delta der 1862 etablierten Kolonie Cochinchina einverleibten und viele neue Kanäle graben ließen, begann die fruchtbare Landschaft zur Reiskammer Vietnams aufzusteigen.

hier aus doch sowohl Kambodscha als auch Ho-Chi-Minh-Stadt auf dem Wasserweg zu erreichen. 1883 bauten die Franzosen eine (mittlerweile stillgelegte) Eisenbahnstrecke nach Ho-Chi-Minh-Stadt.

Zwischen Fluss und Kanal breitet sich das lebendige **Marktviertel** aus. Mitten in diesem Gewirr versammelt sich die chinesische Gemeinde aus Fujian in ihrer **Hoi Quan**. Die 1849 gestiftete **Chua Vinh Trang** am östlichen Stadtrand ist ein bunter architektonischer Stilmix.

INFO

Tien Giang Tourist
Die staatliche Agentur arrangiert Bootstouren und Ausflüge.
• 63 Trung Trac | Tel. 0273/387 31 84

AUSFLUG ZU DEN FLUSSINSELN E12/13

My Tho dient vor allem als Ausgangspunkt für Bootsausflüge zu mehreren Flussinseln und ist aufgrund der Nähe zu Ho-Chi-Minh-Stadt ein bevorzugtes Ziel von Tagestouristen. Sie tummeln sich vor allem auf der **Einhorninsel** (Thoi Son) mit ihren tropischen Obstgärten. Die benachbarte **Phönixinsel** (Con Phung) hingegen wird nur noch selten angesteuert, seit der »Kokosnuss-Mönch« Ong Dao Dua, der hier mit seiner Anhängerschaft residierte, 1990 verstarb. Für Bootstouren bieten sich auch die **Dracheninsel** (Con Long) und die **Schildkröteninsel** (Con Qui) an.

VINH LONG 17 ★ D13

Auch die Stadt des »Ewigen Drachen« (100 000 Einwohner) lockt mit erlebnisreichen Flussfahrten. Sie erstreckt sich 130 km von Ho-Chi-Minh-Stadt entlang des Flusses Co Chien, der sich hier vom Tien Giang abspaltet. 7 km nördlich überspannt die 1535 m lange **My-Thuan-Brücke** den Strom.

Von der Uferpromenade verkehrt unregelmäßig eine Fähre auf die Flussinsel **An Binh**, auf der Sie eine Radtour durch kleine Dörfer und endlose Obstplantagen unternehmen können. Sehr beliebt sind auch Bootsausflüge zum schwimmenden Markt von **Cai Be.**

INFO

Cuu Long Tourist
Arrangiert Bootstouren zu den Flussinseln sowie zwischen Cai Be und Vinh Long.
• 1 Thanh 5 | Tel. 0270/382 36 16

HOTEL

Cuu Long Hotel B €€
In Vinh Long gilt das nüchterne Cuu Long Hotel B, 1 Phan Boi Chau, als beste Bleibe. Authentischer und stimmungsvoller wohnt man auf der Insel An Binh, wo Einheimische ihr Eigenheim als Homestay anbieten.
• 1 Phan Boi Chau | Tel. 0270/382 36 56
www.cuulongtourist.com

CAN THO 18 ★ D13

Mit 500 000 Einwohnern ist Can Tho, 170 km südwestlich von Ho-Chi-Minh-Stadt, die größte Stadt im Delta und dessen wichtigstes Handelszentrum.

UNTERWEGS AUF FLÜSSEN

Nach Phnom Penh teilt sich der Flusslauf in zwei parallele Zwillingsflüsse auf

Auf schlanken Ruderbooten und bauchigen Reisbarken, in wackeligen Korb- und bunten Fischerbooten, auf überfüllten Fähren und rostigen Frachtern sind im Delta alltäglich Hunderttausende von Vietnamesen unterwegs. Auch Touristen bieten sich zahlreiche Möglichkeiten, dieses gewaltige Flusslabyrinth zu erkunden.

VERANSTALTER

- **Trans Mekong**
  Der Veranstalter bietet mit seinen beiden Booten mehrtägige Fahrten auf den Mekong-Armen an. Sehr beliebt ist die dreitägige Tour von Can Tho über Ben Tre nach Cai Be (und umgekehrt).
  144 Hai Ba Trung | Can Tho
  Tel. 0292/382 95 40
  www.transmekong.com
- **Hieu's Tour**
  Das Angebot ist breit gefächert und reicht von Halbtagstouren zu den Schwimmenden Gärten bis zu mehrtägigen Bootstouren inklusive Radfahren, Besuch einer Nudelfabrik und Kakaofarm, Streetfood-Tour und mehr.
  27 A Le Thanh Ton | Can Tho
  Tel. 0292/381 99 58
  Mobil-Tel. 093/967 61 56
  www.hieutour.com
- **Le Cochinchine**
  In einer umgebauten Reisbarke für 20 Personen kreuzt man mehrere Tage über Kanäle und Ströme.
  Mobil-Tel. 097/673 64 19
  www.lecochinchine.com

NACH KAMBODSCHA

Zwischen Chau Doc und Phnom Penh verkehren täglich Schnellboote (5 Std., ein Kambodscha-Visum ist an der Grenze erhältlich).

- **Mandarin Cruises**
  363 Nguyen Van Thoai | Chau Doc
  Mobil-Tel. 093/977 78 33
  www.mandarincruises.com
- **Blue Cruiser**
  59/3 B Pham Viet Chanh | Dist. 1
  Ho-Chi-Minh-Stadt
  Tel. 028/392 62 53, 392 60 290

Die 1915 erbaute Markthalle am Fluss hat sich ihren Charme bewahrt und lädt mit vielen Geschäften und einem offenen Restaurant nach einem Bummel über die **Uferpromenade** zum Verweilen ein.

An der Einfallstraße Hoa Binh liegt das 1946 gegründete Khmer-Kloster **Munirangsayaram,** in dem immer noch einige Theravada-Mönche leben. Sehenswert ist auch die **Alte Villa** (Nha Co Binh Thuy, 26/1A Bui Huu Nghia) in dem Ort Binh Thuy, 6 km nördlich von Can Tho. Ende des 19. Jhs. errichtet, diente sie als Kulisse des 1991 gedrehten Kinofilms »Der Liebhaber« (nach dem gleichnamigen Roman der Französin Marguerite Duras › S. 153).

INFO

Can Tho Tourist

Vermittelt Bootstouren zu den schwimmenden Märkten.

- 50 Hai Ba Trung
  Tel. 0292/382 18 52

HOTELS

Victoria Can Tho €€€

Das Resort im Kolonialstil mit offener Lobby, großem Pool und gutem Spa liegt direkt am Fluss.

- Cai Khe Ward | Tel. 0292/381 01 11
  www.victoriahotels.asia

Nam Bo Boutique Hotel €€

Schönes Eckhaus mit kolonialem Touch, 7 geräumigen Suiten und zwei guten Restaurants.

- 1 Ngo Quyen
  Tel. 0292/381 91 39
  www.nambocantho.com

RESTAURANT

Cay Buoi 2 €€

Nur einen Steinwurf vom Victoria Hotel, ist dieses offene Restaurant stadtbekannt für seine Seafood- und Schlangengerichte.

- Song Hau | Tel. 0292/376 84 33

AUSFLUG ZUM SCHWIMMENDEN MARKT 11 D13

Kein Besuch im Delta wäre vollständig ohne eine Bootsfahrt zu einem der schwimmenden Märkte *(cho noi)*. Sie finden an Knotenpunkten von Kanälen und Flüssen statt und sind wichtige Warenumschlagplätze. Der Markt von **Cai Rang** liegt 7 km den Can-Tho-Fluss stromaufwärts. Aufgrund seiner Nähe zu Can Tho ist er zwar recht touristisch, aber wenn Sie früh starten, vermeiden Sie Besuchermassen und Hitze.

Kräuter werden vom Boot verkauft

Weitere Märkte finden in **Phong Dien** statt, 15 km stromaufwärts; in **Tra On** am Hau Giang, 22 km südöstlich von Can Tho, und in **Phung Hiep**, 33 km südwestlich von Can Tho. Letzterer liegt nahe der Nationalstraße 1A und kann mit einem Besuch der Khmer-Stadt Soc Trang verbunden werden.

CHAU DOC 19 ★ C12

Das sympathische Chau Doc, 117 km nördlich von Can Tho, gilt als Tor nach Kambodscha (für Touristen und Schmuggler). Im Umland leben viele Khmer und Cham. Ein netter Spaziergang durch das Zentrum führt am lebendigen **Markt** und einigen einfachen Tempeln vorbei. Sehenswert ist der 1926 erbaute **Dinh Chau Phu** an der Uferstraße Tran Hung Dao. Die angebotenen Bootstouren führen zum **Cham-Dorf Chau Giang** und zu **schwimmenden Häusern,** unter denen in Käfigen der Pangasiusfisch *(ca ba sa)* gezüchtet wird. Schnellboote fahren über die Grenze bei Vinh Xuong/Kaam Samnor bis nach Phnom Penh (5 Std., Adressen von Anbietern › S. 140).

HOTEL

Victoria Chau Doc €€–€€€

Das im Kolonialstil erbaute Haus direkt am Fluss ist die schönste Unterkunft im Ort. Reisende erfreuen sich an einem internationalen Restaurant und einer urigen Bar.

- 32 Le Loi
  Tel. 0296/386 50 10
  www.victoriahotels.asia

AUSFLUG ZUM NUI SAM 20 ★ C12

Wichtigstes Ausflugs- und Pilgerziel ist der 3 km westlich gelegene, 230 m hohe Nui Sam, auf dem und um den sich mehrere Tempel verteilen. Die 1847 von einem Mandarin gestiftete **Chua Tay An** vereint in ihren labyrinthartigen Hallen mehr als 1000 buddhistische, daoistische und hinduistische Statuen. Im neueren **Mieu Ba Chua Xu** opfern Gläubige der Göttin Ba Chua Xu Spanferkel und Obst, während schräg gegenüber Grab und Tempel von **Thoai Ngoc Hau**, einem Beamten der Nguyen-Dynastie, liegen. Von der buddhistischen **Chua Hang** am Südwesthang des Nui Sam reicht der Blick bis nach Kambodscha. › mehr S. 15 Punkt 23

RACH GIA 21 C13

Vor Long Xuyen biegt die N 80 Richtung Küste ab und führt parallel zum Thoai-Ha-Kanal an den 50 km entfernten Golf von Thailand. Dort liegt zwischen zwei Armen des kanalisierten Flusses Cai Lon die Hafenstadt Rach Gia (200 000 Einw.). Sie ist ein Zentrum des Fischfangs sowie der Zucht von Garnelen und anderen Meerestieren, die am **Hafen** zum Export verladen werden. Wenn Sie vom **Markt** der Tu-Duc-Straße über den nördlichen Kanal folgen und dann links abbiegen, gelangen Sie zum **Den Nguyen Trung Truc,** in dem des berühmten gleichnamigen Widerstandskämpfers gegen die Franzosen gedacht wird. Truc gehörte 1861 zu den Angreifern auf das Kriegsschiff »L'Espérance« und wurde dafür 1868 in Rach Gia hingerichtet. Durch schmale Straßen zwischen Gärten mit kleinen Häusern gelangen Sie zur großen **Chua Phat Lon,** einem schlichten Khmer-Tempel mit einer großen Buddhastatue.

HOTEL

Palace Hotel €

Freundliches Mittelklassehotel mit 26 Zimmern unweit des Fähranlegers.

- 3 Thang 2 | Tel. 0297/386 61 46
  palacehotelkg@gmail.com

NIGHTLIFE

Rose Karaoke

In dem modernen Glitzerkasten trällern Karaoke-Fans ihre Liedchen.

- 48–51 3 Thang 2

HA TIEN 22 ★ C12

Von Rach Gia führt die landschaftlich sehr schöne Küstenstraße N 80 ins 92 km entfernte Ha Tien (100 000 Einw.). Unterwegs lohnt sich nach ungefähr 60 km ein Abstecher auf die Halbinsel Hon Chong mit ihren schönen Tempeln und Stränden.

Das sympathische Ha Tien liegt kurz vor der Mündung des To Chau in den Golf von Thailand, nur 6 km von der Grenze zu Kambodscha entfernt. Die Region, die lange zum Khmer-Reich gehörte, war Mitte der 1970er-Jahre immer wieder Ziel grausamer Überfälle der Roten Khmer. Sie wollten sich jenes Land zurückholen, das der Chinese Mac Cuu 1708 Vietnam angegliedert hatte. Mac Cuu kontrollierte als Gouverneur mit seinem Klan das

Der Ba Chua Xu-Tempel am Fuße des Nui Sam ist ein populäres Pilgerziel

gesamte Gebiet und hatte es unter den Schutz der in Hue herrschenden Nguyen-Fürsten gestellt.

Entlang des Flussufers zieht sich ein kleiner **Markt,** und einige Cafés haben ihre Stühle und Tische im Freien aufgestellt. In der Phuong Thanh am Ortsrand von Ha Tien liegen mit der **Chua Tam Bao** (Nr. 328) und der **Chua Phu Dung** (hinter Nr. 374) zwei sehenswerte kleine Tempel. Etwa 3 km außerhalb der Stadt ziehen sich die **Gräber der Familie Mac** an einem Hang empor. Der Gia-Long-König stiftete sie 1809 aus Dankbarkeit für die Verdienste der Familie. Weitere 3 km stadtauswärts erreichen Sie die **Chua Thanh Van,** mehrere Höhlentempel mit schön geschnitzten Statuen. Am Fuß des Hügels erinnert eine Tafel an das Massaker der Roten Khmer am 14. März 1978, bei dem sie 130 Bewohner niedermetzelten.

Über den weiter nördlich gelegenen Grenzübergang **Xa Xia/Prek Chak** kann man nach Kambodscha weiterreisen. In der Umgebung von Ha Tien laden einige unberührte Sandstrände zur Erholung ein.

HOTELS

River Hotel €€

Großer Hotelkomplex am Fluss mit 81 geräumigen Zimmern/Suiten und Pool.

- Block B 3 | Tran Hau Trade Center
  Tel. 0297/395 58 88
  www.riverhotelvn.com

Ha Tien Hanh Phuc Hotel €

Das »Glückshotel« mit seinen 22 Zimmern zählt zu den besseren Budgethotels.

- 13–14 Hoang Van Thu | Tel. 0297/396 66 88

PHU QUOC 23 12 B12/13

Die mit 567 km² größte Insel Vietnams liegt im Golf von Thailand, nur wenige Kilometer vor der kambodschanischen Küste. Das früher verschlafene Eiland hat sich zur Badedestination für Pauschaltouristen entwickelt (Saison von Nov.–März), die dank guter Flugverbindungen auch direkt aus den Nachbarländern anreisen können.

Außer den Resten eines kolonialen Straflagers, Fabriken für die berühmte Fischsoße und weitläufigen Pfefferplantagen besitzt Phu Quoc zwar keine nennenswerten Attraktionen, dafür zahlreiche gute Strandresorts zum Entspannen und schöne, leider nicht immer saubere Strände. Man kann Schnorcheln und Tauchen sowie die tropisch grüne Natur per Pedes und Moped erkunden. › mehr S. 14 Punkt 18

Der Hauptort ist **Duong Dong** an der Westseite mit einer guten Auswahl an Restaurants, Souvenirläden und Kneipen.Von ihm verläuft bis zur Südspitze der 20 km »Lange Strand«, **Bai Truong,** an dem sich die meisten Hotelanlagen befinden.

Noch etwas ruhiger wirken die nördlich von Duong Dong gelegenen Strände **Bai Ong Lang** und **Bai Cua Can** mit wenigen Resorts. Sehr beliebt ist ein Ausflug zu dem an der Südostseite gelegenen Strand **Bai Sao** wegen seines feinen, schneeweißen Sandes. Zu den Hauptattraktionen der Insel zählt mittlerweile die 7,9 km lange **Seilbahn** von An Thoi zur weiter südlich gelegenen Insel Hon Thom.

Auf Phu Quoc locken paradiesische Strände

ANREISE

Internationaler Flughafen mit Verbindungen u. a. nach Bangkok, Hanoi und Ho-Chi-Minh-Stadt. Schnellbootverbindungen zwischen Rach Gia bzw. Ha Tien und Phu Quoc (ca. 1,5 Std.).

HOTELS

Cassia Cottage €€€

Hübsches Refugium mit 18 Zimmern in mehreren Bungalows, drei davon direkt am Strand; Pool.

- Bai Truong | Tel. 0297/384 83 95
  www.cassiacottage.com

Kiki Coconut Beach Resort €€

Hübsches Hideaway am Strand mit nur vier Bungalows unter Kokospalmen. Tolles Hängemattenfeeling.

- 7 km nördl. von Ham Ninh
  Mobil-Tel. 098/800 25 62

Mai House Resort €€

Von einem französisch-vietnamesischen Paar geführtes Resort mit 30 Bungalows inmitten eines herrlichen Tropengartens. Oft ausgebucht, da sehr beliebt.

- 112/7/8 Tran Hung Dao
  Km 7, Duong Dong | Tel. 0297/384 70 03
  www.maihousephuquoc.com

Mango Bay €€

Weitläufige, umweltfreundlich geführte Anlage mit verstreut liegenden Bungalows.

- Bai Ong Lang | Tel. 0297/398 16 93
  Mobil-Tel. 096/968 18 20
  www.mangobayphuquoc.com

RESTAURANT

Saigonese Eatery €€€

Hier wird viel Deftiges aufgetischt. Aber es gibt auch vegetarische Speisen.

- 73 Tran Hung Dao | Duong Dong

EXTRA-TOUREN

My Son war einst das religiöse Zentrum der Cham

TOUR 9

HÖHEPUNKTE VIETNAMS IN ZWEI WOCHEN

VERLAUF: Hanoi > Ha-Long-Bucht > Hue > Da Nang > Hoi An > My Son > Nha Trang > Ho-Chi-Minh-Stadt > Can Tho > Ho-Chi-Minh-Stadt

KARTE: Klappe hinten
DISTANZEN: **Hanoi** > **Ha-Long-Bucht** ca. 4 Std. per Bus; **Hanoi** > **Hue** 1 Std. Flugzeit; **Hue** > **Hoi An** ca. 4 Std. per Mietwagen mit Fahrer; **Da Nang** > **Nha Trang** 60 Min. Flugzeit; **Nha Trang** > **Ho-Chi-Minh-Stadt** ca. 8 Std. per Open-Tour-Bus oder Nachtzug; **Ho-Chi-Minh-Stadt** > **Can Tho** 3–4 Std. per Mietwagen mit Fahrer
VERKEHRSMITTEL: Lokale Reisebüros und Hotels vermitteln auch kurzfristig Mietwagen mit Fahrer; Organisation der Bootstour durch Ha-Long-Bucht oder Mekong-Delta durch lokale Veranstalter > S. 76 und 139. Open-Tour-Busse > S. 28 verkehren auf den Hauptrouten (Hue–Hoi An–Qui Nhon–Nha Trang–Ho-Chi-Minh-Stadt); Flüge Hanoi–Hue sowie Da Nang–Nha Trang gibt es mehrmals tgl. (Buchung mind. 1 Woche vorab); einige Zugverbindungen tgl. von Nha Trang nach Ho-Chi-Minh-Stadt.

Zur Einstimmung bieten sich zwei Tage in der Hauptstadt **Hanoi** > S. 59 an. Dort können Sie durch das Gassengewirr der Altstadt bummeln und in einem der vielen Cafés einkehren. Weiter geht es am dritten Tag zur **Ha-Long-Bucht** > S. 76 mit ihren Hunderten von Karstinseln. Am besten buchen Sie eine Bootstour mit Übernachtung an Bord. Am folgenden Vormittag beginnt von Ha-Long-Stadt aus die Rückreise nach Hanoi. Sie können einen Umweg über die Hafenstadt **Hai Phong** > S. 77 mit ihrem kolonialen Flair machen oder unterwegs die buddhistische **But-Thap-Pagode** > S. 74 besuchen.

Das Flugzeug bringt Sie am fünften Tag nach **Hue** > S. 90 in die Heimat der letzten Monarchen. Ihnen können Sie in der Zitadelle und den Mausoleen nachspüren. Die Fahrt am nächsten Tag über den **Wolkenpass** > S. 97 und die zentralvietnamesische Wirtschaftsmetropole **Da Nang** > S. 97 nach **Hoi An** > S. 99 zählt zu den landschaftlich schönsten in Vietnam. Es bleibt noch genügend Zeit für einen ausgedehnten Bummel durch die einstige Hafenstadt. Starten Sie mit Ihrem Mietwagen früh am siebten Tag zur Cham-Ruinenstätte **My Son** > S. 104, die etwa eine Autostunde von Hoi An entfernt liegt. Denn so bleibt Ihnen noch der ganze Nachmittag für Hoi An. Tipp: ein Bad im nahen Meer oder eine Bootsfahrt auf dem Thu-Bon-Fluss.

Vom Flughafen in Da Nang fliegen Sie am achten Tag nach **Nha Trang** > S. 126, das sich zum internationalen Seebad mausert. Nachmittags empfiehlt sich eine Bootstour durch die bildschöne Bucht und der Besuch des Cham-Heiligtums Po Nagar. Und wie wäre es, den folgenden Tag einfach mal am Strand zu faulenzen?

Gut erholt ist die 450 km lange, zuweilen monotone Strecke nach **Ho-Chi-Minh-Stadt** leicht zu schaffen. Als Highlight lockt bei Phan Rang-Thap Cham der Tempel **Po Klong Garai** › S. 126. In der südvietnamesischen Megacity **Ho-Chi-Minh-Stadt** › S. 111 wird es Ihnen angesichts der Einkaufs- und Besichtigungsmöglichkeiten sicher nicht langweilig. Falls es Ihnen zu hektisch ist, unternehmen Sie einen Trip zu den Tunneln von **Cu Chi** › S. 122.

Der zweitägige Ausflug ins **Mekong-Delta** › S. 134 lohnt allein schon wegen der vielfältigen Bootstouren. **Can Tho** › S. 139 bietet sich mit einer guten Hotelauswahl für die Übernachtung an. Zudem gibt es in der Nähe einige schwimmende Märkte. Zurück in Ho-Chi-Minh-Stadt bleibt am letzten Tag vor Ihrer Rückreise noch genügend Zeit zum Shoppen und Besichtigen.

TOUR 10

DREI WOCHEN VIETNAM FÜR ENTDECKER

VERLAUF: Hanoi › Dien Bien Phu › Sa Pa › Hanoi › Ha-Long-Bucht › Ninh Binh (Trockene Ha-Long-Bucht) › Hue › Da Nang › Hoi An › Qui Nhon › Nha Trang › Da Lat › Ho-Chi-Minh-Stadt › My Tho › Ho-Chi-Minh-Stadt

KARTE: Klappe hinten

DISTANZEN: **Hanoi › Dien Bien Phu** 1 Std. per Flugzeug; **Dien Bien Phu › Sa Pa** über 10 Std. per Mietwagen mit Fahrer; **Sa Pa › Lao Cai** 2 Std. per Bus; **Lao Cai › Hanoi** ca. 10 Std. per Zug; **Hanoi › Ha-Long-Bucht** 4 Std. per Bus oder Mietwagen mit Fahrer; **Ha Long › Ninh Binh** ca. 4 Std. per Mietwagen mit Fahrer; **Ninh Binh › Hue** per Nachtzug ca. 13 Std.; **Hue › Da Nang › Hoi An** ca. 4 Std. per Mietwagen mit Fahrer; **Hoi An › Qui Nhon** ca. 6 Std. per Open-Tour-Bus; **Qui Nhon › Nha Trang** 4 Std. per Open-Tour-Bus; **Nha Trang › Da Lat** ca. 6 Std. per Mietwagen mit Fahrer; **Da Lat › Ho-Chi-Minh-Stadt** ca. 7 Std. per Mietwagen mit Fahrer; **Ho-Chi-Minh-Stadt › My Tho** 2 Std. per Mietwagen mit Fahrer.

VERKEHRSMITTEL: Mietwagen mit Fahrer können kurzfristig über lokale Reisebüros und Hotels gebucht werden; Organisation der Bootstour durch die Ha-Long-Bucht bei einem erfahrenen lokalen Veranstalter › S. 76; die sehr preiswerten Open-Tour-Busse › S. 28 verkehren auf den Hauptrouten (Hue–Hoi An–Qui Nhon–Nha Trang–Ho-Chi-Minh-Stadt); Flüge zwischen Hanoi und Dien Bien Phu gibt es mehrmals täglich; Nachtzüge von Ninh Binh nach Hue (bereits in Hanoi buchen).

Nach zwei ausgefüllten Tagen in **Hanoi** › S. 59 fliegen Sie gen Nordwesten nach **Dien Bien Phu** › S. 82, um dort die Relikte der großen Schlacht von 1954 zu besichtigen. Eine kurvenreiche, aber landschaftlich wunderschöne Ganztagesfahrt führt am vierten Tag durch die Bergwelt ins über 300 km entfernte **Sa Pa** › S. 83 (früh starten!). Rund um den einstigen Luftkurort der Franzosen locken zahlreiche Wanderungen zu den Dörfern der Minderheiten.

Vom nahen Grenzort Lao Cai nehmen Sie am sechsten Tag den Zug zurück nach Hanoi, um nach einer Zwischenübernachtung zu einer zweitägigen Bootstour durch die **Ha-Long-Bucht** › S. 76 zu reisen. Zurück an Land fahren Sie am neunten Tag von Ha-Long-Stadt nach **Ninh Binh** › S. 78 im Herzen des Roten-Fluss-Deltas. Die eher gesichtslose Stadt ist Ausgangspunkt für einen Besuch der **Trockenen Ha-Long-Bucht** › S. 79. Per Ruderboot gleiten Sie vorbei an grünen Reisfeldern und bizarren Karstbergen zu den drei Höhlen von Tam Coc.

Der Nachtzug bringt Sie von Ninh Binh gen Süden nach **Hue** › S. 90, das Sie am späten Vormittag des zehnten Tages erreichen. Hier haben Sie in eineinhalb Tagen genug Zeit für die Relikte der letzten Könige. Über den **Wolkenpass** › S. 97 geht es am zwölften Tag zunächst nach **Da Nang** › S. 97, um das Cham-Museum zu besuchen, und dann weiter nach **Hoi An** › S. 99. Der einstige Welthafen – heute UNESCO-Welterbe – lockt mit alten Kaufmannshäusern, bunten Tempeln und überquellenden Geschäften. Als Ziel eines Halbtagsausflugs bietet sich die Cham-Ruinenstätte **My Son** › S. 104 an.

Schon der attraktiven Küstenlandschaft wegen lohnt sich die 250 km lange Fahrt von Hoi An nach **Qui Nhon** › S. 105. In der Nähe von Quang Ngai, etwa 100 km südlich von Hoi An, liegt das Dorf **My Lai** › S. 105, Schauplatz eines der schlimmsten Massaker während des Vietnamkrieges, mit einer bemerkenswerten Gedenkstätte. In Qui Nhon können Sie einen Badetag einlegen, bevor es am 16. Tag weiter ins quirlige, etwa 240 km entfernte Seebad **Nha Trang** › S. 126 geht. Dort bietet sich der Nachmittag für Besichtigungen und eine Bootsfahrt durch die Bucht an.

Ein Kulissenwechsel erwartet Sie während Ihrer 210 km langen Fahrt von der Küste ins bergige Hochland nach **Da Lat** › S. 131. Die fruchtbare Landschaft rund um den 1500 m hoch gelegenen Ferienort können Sie bei Ausflügen am folgenden Tag erleben.

Ebenfalls landschaftlich sehr reizvoll ist die Tagesfahrt entlang der Nationalstraße 20 nach **Ho-Chi-Minh-Stadt** › S. 111 – vorbei an Kaffee-, Tee- und Kautschukplantagen. Sie haben zwei Tage Zeit, um die südvietnamesische Metropole kennenzulernen. Wer schon nach einem Tag keine Lust mehr auf Großstadt hat, sollte zum Abschluss einen Tagesausflug ins Mekong-Delta nach **My Tho** › S. 137 unternehmen, bevor es nach drei abwechslungsreichen Wochen wieder heimwärts geht.

INFOS VON A–Z

AUSRÜSTUNG UND GEPÄCK

Neben lockerer Baumwollkleidung, festen Schuhen und Regenschutz gehören in den Koffer: Mückenschutzmittel, Sonnenschutz (Hut, Brille, Sonnencreme), Plastiksandalen, Handtücher (wenn Sie in entlegene Gegenden fahren), Adapter, Taschenlampe und Taschenmesser, genügend Speicherchips und Ersatzbatterien für Ihre Kamera. Zusätzliche Passfotos und Kopien Ihrer Reisedokumente sorgen im Notfall für schnelleren Ersatz.

DIPLOMATISCHE VERTRETUNGEN

Botschaften der SR Vietnam

- Elsenstr. 3, 12435 Berlin
  Tel. 0 30/53 63 01 08
  www.vietnambotschaft.org
- Außenstelle: Kennedy-Allee 49
  60323 Frankfurt/M.
  Tel. 0 69/79 53 36 50
- Felix-Mottl-Str. 20, 1190 Wien
  Tel. 01/368 07 55 10
  www.vietnamembassy.at
- Schlösslistr. 26, 3008 Bern
  Tel. 0 31/388 78 78
  www.vietnam-embassy.ch

Europäische Vertretungen in Vietnam

- **Deutsche Botschaft**
  29 Tran Phu, Hanoi,
  Tel. 024/32 67 33 35
  www.vietnam.diplo.de
- **Deutsches Generalkonsulat**
  33 Le Duan, Dist. 1
  Ho-Chi-Minh-Stadt
  Tel. 028/38 28 81 00
  www.vietnam.diplo.de
- **Österreichische Botschaft**
  Prime Center, 53 Quang Trung, Hanoi
  Tel. 024/39 43 30 50
  www.bmeia.gv.at
- **Schweizer Botschaft**
  Hanoi Central Building Office
  44 B Ly Thuong Kiet, Hanoi
  Tel. 024/39 34 65 89
  www.eda.admin.ch/hanoi
- **Schweizer Generalkonsulat**
  Bitexco Financial Tower
  2 Hai Trieu, Dist. 1
  Ho-Chi-Minh-Stadt
  Tel. 028/62 99 12 00

EIN- UND AUSREISE

Bei einem Aufenthalt bis zu 15 Tagen ist für deutsche Staatsbürger kein Visum notwendig, bis 30 Tage können sie ein E-Visum beantragen (www.visa.mofa.gov.vn oder wwww.evisa.xuatnhapcanh.gov.vn). Schweizer und Österreicher reichen bei ihrer Botschaft den ausgefüllten Antrag (Download über Botschafts-Webseiten) samt Reisepass mit mindestens sechs Monaten Gültigkeit, Passfoto, Visagebühr in bar und frankiertem Rückumschlag für Einschreiben ein. Ein 30 Tage gültiges Touristenvisum kostet bei einmaliger Einreise 65 €, bei zweimaliger Einreise 80 €. Über einen Veranstalter oder online (z. B. www.visumvietnam.de) können Sie auch ein Visa-on-Arrival beantragen, das am Flughafen erteilt wird (25 US-$ plus Gebühr).

ELEKTRIZITÄT

Die Netzspannung beträgt 220 V; es gibt bisweilen Netzschwankungen. Die Steckdosenvarianten sind vielfältig, sodass Sie für alle Fälle einen Universaladapter mitbringen sollten.

FOTOGRAFIEREN

Militärische Einrichtungen dürfen nicht fotografiert oder gefilmt werden. Wollen Sie Porträtaufnahmen machen, gebietet es die Höflichkeit, vorher das Einverständnis der Betroffenen einzuholen. Speicherchips und Batterien gibt es in größeren Orten.

GELD UND WÄHRUNG

Ein- und Ausfuhr des vietnamesischen Dong (VND) sind nicht gestattet, Fremdwährungen im Gegenwert von bis zu 5000 US$ brauchen nicht deklariert zu werden. Derzeit gibt es Banknoten im Wert von 200, 500, 1000, 2000, 5000, 10 000, 20 000, 50 000, 100 000 und 500 000 Dong sowie Münzen im Wert von 200, 1000 und 5000 Dong

Banken und lizensierte Wechselstuben tauschen Bargeld der führenden Währungen, jedoch keine Reiseschecks. Geldautomaten (ATM) gibt es bei Bankfilialen und an exponierten Stellen. Mit Maestro- oder Cirrus-Zeichen akzeptieren sie neben Kredit- auch EC-Karten (nur mit PIN, Gebühren!). Führende Fremdwährung ist der US-Dollar, mit welchem Sie in bar Flugscheine, Mietwagen und Hotels bezahlen können. Lassen Sie sich auch kleine Einheiten geben, denn in abgelegenen Gebieten gibt es oft kein Wechselgeld. Es werden meist nur saubere, unbeschädigte Scheine akzeptiert.

Bessere Unterkünfte, Restaurants oder Geschäfte akzeptieren die gängigen Kreditkarten. Gelegentlich wird ein Aufschlag von 3–4 % des Rechnungsbetrages verlangt. Bei Verlust oder Diebstahl hilft die zentrale Sperr-Telefonnummer 00 49/11 61 16.

GESUNDHEITSVORSORGE

Impfungen sind nicht vorgeschrieben (Tetanus- und Polioimpfschutz sollten aber noch wirksam sein).

Vietnam ist ein anstrengendes Reiseland, für das eine gute körperliche Verfassung nötig ist. Hohe Luftfeuchtigkeit und sehr große Hitze erfordern eine ausreichende Flüssigkeitsaufnahme. Wasser aus der Leitung ist absolut tabu – es gibt überall abgefülltes Trinkwasser. Speiseeis und Eiswürfel in Getränken sollten Sie außerhalb guter Hotels und Restaurants ebenfalls meiden.

Malaria ist im südlichen Mekong-Delta und einigen Provinzen des Zentralen Hochlands verbreitet. Vor allem während der Regenzeit ist auch Dengue-Fieber ein Problem. Erkundigen Sie sich beim Tropeninstitut oder unter www.fit-for-travel.de. Schützen Sie sich vor allem in der Dämmerung durch Kleidung, die möglichst auch Arme und Beine bedecken sollte, und Insektenschutzmittel. Schlafen Sie unter Moskitonetzen, wo dies erforderlich ist. Ein Standby-Mittel hilft nur gegen Malaria, nicht jedoch gegen Dengue-Fieber. Beachten Sie die sehr lange Inkubationszeit.

In Hanoi und Ho-Chi-Minh-Stadt ist die ärztliche Versorgung dank Privatkliniken recht gut, in den Provinzstädten o. k., auf dem Land dagegen ziemlich schlecht. Nehmen Sie also Medikamente, die Sie regelmäßig brauchen, in ausreichender Menge mit. In die Reiseapotheke gehören außerdem Mittel gegen Malaria, Schmerzmittel, Elektrolyte (bei Durchfall), Wund- und Brandsalbe, eine Salbe gegen Prellungen, Zerrungen und Verstauchungen, Desinfektionsmittel, Heftpflaster und Verbandszeug. Ganz Vorsichtige nehmen auch sterile Einwegspritzen mit. Falls Sie

URLAUBSKASSE

• Tasse Kaffee	ab 0,70 €
• Softdrink	ab 0,80 €
• gekühlte Kokosnuss	ca. 0,50 €
• Flasche Bier	ab 1 €
• Nudelsuppe	ab 1 €
• Taxifahrt (Kurzstrecke, ca. 3 km)	3 €
• Mietwagen mit Fahrer/Tag	ab 40 €
• Guide pro Tag	ab 15 €

schwer erkranken, sollten Sie die Ausreise zumindest nach Singapur, Hongkong oder Bangkok ins Auge fassen.

INFORMATIONEN

Derzeit gibt es im deutschsprachigen Raum kein vietnamesisches Fremdenverkehrsamt. Informationen erteilt

- **ICS Travel Group**
  Karlstr. 42
  80333 München
  Tel. 089/219 09 86 60
  www.icstravelgroup.com

INTERNET

WLAN ist weit verbreitet, in Cafés und Unterkünften meist kostenlos. Wer unabhängig sein möchte, kann sein Smartphone mit einer lokalen Prepaid Data-SIM-Karte bestücken. Internet-Cafés fungieren heute eher als Computerspiel-Höllen.

KNIGGE

Lächeln öffnet viele Türen. Bei Konflikten sollten alle Beteiligten ihr Gesicht wahren können. Bleiben Sie daher höflich und kompromissbereit.

Ein Nein drücken Vietnamesen mit einem zögerlichen Ja oder verlegenen Lächeln aus. Der Kopf als bedeutendster Körperteil darf nicht berührt werden, auch nicht bei Kleinkindern. Die Füße bitte nie in Richtung einer Person oder eines religiösen Gegenstandes ausstrecken.

Vor dem Betreten von Privathäusern und Tempeln bitte die Schuhe ausziehen.

ÖFFNUNGSZEITEN

- **Banken:** Mo–Fr, meist 7.30–11.30 und 13.30–15.30 Uhr
- **Post:** meist tgl. 7.30–19 Uhr, in kleineren Orten oft mit einer Mittagspause und früheren Schließzeiten
- **Museen:** meist 8–16 Uhr (manchmal mit zweistündiger Mittagspause), montags geschlossen
- **Läden:** keine Regelung. Die meisten öffnen täglich frühmorgens und schließen bei Sonnenuntergang, in den Großstädten oft erst gegen 20 oder 21 Uhr.

POST UND TELEFON

Marken bekommen Sie im Postamt *(buu dien)*. Eine Postkarte nach Europa braucht etwa 10 Tage und kostet, abhängig von der Größe, um 10 500 Dong.

Direkte Auslandstelefonate können Sie in fast jedem Hotel führen, in Postämtern werden sie vermittelt. Ein 3-Minuten-Gespräch nach Westeuropa kostet ca. 3 $ (in Hotels mehr). Bei den Call-to-Call-Nummern 171, 177 oder 178 kommt die Minute unter 2 $.

Alle führenden Handy-Anbieter haben ein Abkommen mit einem vietnamesischen Partner. Allerdings sind die Roaming-Gebühren, die auch für eingehende Anrufe gelten, recht hoch. Für Prepaid-Tarife gibt es Sonderregelungen. Vieltelefonierer können sich vor Ort eine SIM-Karte mit neuer Nummer besorgen. Sie ist in jedem Handy-Laden für wenig Geld erhältlich.

Internationale Vorwahlen

- Deutschland 00 49
- Österreich 00 43
- Schweiz 00 41.
- Vietnam 00 84. Wer von Europa aus in Vietnam anruft, muss die 0 der Ortsvorwahl weglassen.

SICHERHEIT

Im Prinzip ist Vietnam ein sicheres Reiseland, doch leider steigt auch hier die Kriminalitätsrate. Lassen Sie daher wertvollen Schmuck zu Hause und achten Sie, besonders in Menschenmengen, auf Ihre Wertsachen. Die Nachtklub- und Diskoszene dient in erheblichem Maße der Anbahnung von Prostitution und unterliegt weitgehend der Kontrolle der organisier-

ten Kriminalität, zu der auch Teile der Polizei gehören.
Aktuelle Infos unter

- www.auswaertiges-amt.de (D)
- www.bmeia.gv.at (A)
- www.eda.admin.ch (CH)

TRINKGELD

In kleinen Lokalen erwartet man kein Trinkgeld, ansonsten freuen sich Hotel- und Restaurantangestellte über ein paar Tausend Dong. Bei Reiseleitern und Fahrern ist je 1,5 $ pro Reisetag angebracht.

ZEIT

In Vietnam gilt: Mitteleuropäische Zeit (MEZ) plus 6 Stunden, während der europäischen Sommerzeit plus 5 Stunden.

ZEITUNGEN

Die englischsprachigen Zeitungen und Zeitschriften wie »Viet Nam News« oder »Vietnam Economic Times« unterliegen der Zensur und richten sich v. a. an Geschäftsleute, bringen aber auch Tipps zu neuen Restaurants, Kneipen, Klubs u. Ä. Wöchentlich erscheint die »Vietnam Investment Review«.

ZOLL

Zollfrei eingeführt werden dürfen neben Gegenständen des persönlichen Bedarfs 1 l Alkohol, 400 Zigaretten oder 50 Zigarren oder 250 g Tabak.

Die Ausfuhr von Antiquitäten ist nur mit Genehmigung erlaubt. Ansonsten sind die Zollfreigrenzen bei der Rückkehr ins Heimatland zu beachten. Für Deutschland, Österreich und die Schweiz gilt: 1 l Hochprozentiges oder 2 l Wein, 200 Zigaretten oder 50 Zigarren oder 250 g Tabak, Geschenke bis 430 € bzw. 300 sFr.

Gemäß dem Washingtoner Artenschutzabkommen ist die Einfuhr von Waren verboten, die aus geschützten Tieren hergestellt sind. Dazu zählen bespielsweise Produkte aus Elfenbein, Schlangenleder, Schildpatt u. Ä.

LITERATURTIPPS

- Der mehrfach verfilmte Vietnam-Klassiker »Der stille Amerikaner« von **Graham Greene** (München 2003) schildert einfühlsam die Dreiecksbeziehung zwischen dem ambitionierten US-Agenten Pyle, dem alternden Engländer Fowler und der jungen Vietnamesin Phuong im Indochina der 1950er-Jahre.
- **Marguerite Duras,** die 1914 in Vietnam geborene Schriftstellerin (gest. 1996), verarbeitete in ihren Romanen immer wieder ihre Kindheit in der Kolonie. Ihr Roman »Der Liebhaber« (München 2008) handelt von der Liebe eines Chinesen zu einer 15-jährigen Französin in Saigon 1930.
- **Alice Grünfelder** hat in »Vietnam fürs Handgepäck« (Zürich 2012) unterhaltsame Geschichten und informative Berichte namhafter Autoren aus unterschiedlichen Zeiten zusammengestellt.
- **David Frogier de Ponlevoy** beleuchtet in »Vietnam 151« (Meerbusch 2013) als leicht verdauliche Lesekost in 151 Momentaufnahmen die vielen Facetten des Landes.
- Die beiden in Frankreich lebenden Schwestern **Tran-Nhut** schrieben mit „Das schwarze Pulver von Meister Hou“ (Zürich 2010) einen unterhaltsamen, im 17. Jh. spielenden Kriminalroman mit dem Mandarin und Richter Tân in der Hauptrolle.

REGISTER

Ahnen 41
Aktivitäten 29
An Bang 101
Anreise 25
Ao Dai 45
Au Lac 36, 75
Ausreise 150
Ausrüstung 150

Bach-Ma-Nationalpark 96
Banken 152
Ban Lac 82
Bao Dai 90, 93
Bat Trang 74
Ben Duc 74
Bergland 82
Binh Chau-Phuoc Buu-Schutzgebiet 124
Bo Hon 76
Botschaften 150
Buddhismus 42
Bus 28

Cai Rang 141
Can Tho 48, 139
Caodai 124
Cat Ba 78
Cat-Ba-Archipel 77
Cat-Tien-Nationalpark 133
Cham 39, 90, 97, 103, 104, 126, 127
• Cham-Museum 98
Cham-Inseln 104
Chau Doc 142
Chien Dan 105
China Beach 98
Chinesen 40, 73
Christentum 43
Chua Bich Dong 79, 80
Chua But Thap 74
Chua Huong 74
Chua Keo 78
Chua Pho Minh 78
Chua Tay Phuong 73
Chua Thay 74
Co Loa 75
Cua-Dai 101
Cu Chi 123
Cuc-Phuong-Nationalpark 81

Da Lat 131
Da Nang 97
• Cham-Museum 98
Daoismus 41
Dau Go 76
Den Tran 78
de Rhodes, Alexandre 35, 43
Diem s. Ngo Dinh Diem
Dien Bien Phu 82
doi moi 37
Dong Ho 75
Dong Hoi 87
Dracheninsel 139
Duong Lam 73

Einhorninsel 139
Eisenbahn 27
Elektrizität 150
Essen 48
Essknigge 106
Export 35

Fahrradtouren 29
Fan Si Pan 38, **83**
Fauna 38
Feiertage 46
Feste 46
Fischsoße 48
Fotografieren 150
Frankreich 16, 35, **36**, 43, 60, 62, 63, 68, 77, 82, 83, 90, 95, 97, 111, 116, 123, 131, 139, 141, 143
Frauenmuseum, Hanoi 69
Frühlingsrollen 49

Geisterglaube 41
Geld 151
General Ngo Quyen 36
Geografie 34
Gepäck 150
Geschichte 36
Gesundheitsvorsorge 151
Getränke 50
Götter 43
Graham Greene 153
Greene, Graham 114

Hai Phong 77
Ha-Long-Bucht 76
Ha-Long-Stadt 76
Handwerksdörfer um Hanoi 74
Handy 152
Hanoi 48, 59
• Altstadt 63
• Am Westsee 68
• Chua Ba Da 64
• Chua Tran Quoc 68
• Den Bach Ma 63
• Den Ngoc Son 63
• Den Quan Thanh 68
• Einsäulenpagode 68
• Einsäulenpagode und Ho-Chi-Minh-Museum 68
• Ethnologisches Museum 69
• Frauenmuseum 69
• Geschichte 60
• Historisches Museum 62
• Hoan-Kiem-Distrikt 60
• Hoan-Kiem-See 62
• Ho-Chi-Minh-Mausoleum 67
• Ho-Chi-Minh-Museum 68
• Holzhaus 68
• Konfuziustempel 66
• Literaturtempel 66
• Markthalle 63

- Museum der Schönen Künste 66
- Präsidentenpalast 68
- Residenz des Gouverneurs von Tongking 62
- Revolutionsmuseum 62
- Sofitel Métropole Hanoi 62
- Stadttor 63
- St.-Josephs-Kathedrale 64
- Thang-Long-Wasserpuppentheater 63
- Trendviertel Nha Tho 64
- Um den Ba-Dinh-Platz 67
- Zitadelle von Thang Long 66

Ha Tien 143
Hmong 40, 82, 83
Hoa 40
Hoa Binh 82
Ho Chi Minh 36, 67
Ho-Chi-Minh-Stadt 48, 111
- Ben-Thanh-Markt 117
- Buddhistische Klöster 119
- Cholon 117
- Das koloniale Zentrum 112
- Entlang der Le Duan 114
- Geschichte 111
- Mariamman-Tempel 117
- Palast der Einheit 116
- Stadtmuseum 116
- Tempel des Jadekaisers 115

Hoi An 48, 99
- Japanische Brücke 100

Holzschnitzkunst 44
Hon Chong-Halbinsel 143
Hon Mieu 128
Hon Tre 128
Hon Yen 128
Hotel Rex 114
Ho Tram 124
Hue 48, 90
- An-Dinh-Palais 93
- Äußere Stadt 90
- Dong-Ba-Markt 51
- Gartenhäuser von Kim Long 93
- Geschichte 90
- Khai-Dinh-Grab 95
- Königsstadt 90
- Long-An-Palais 93
- Minh-Mang-Grab 94
- Purpurne Verbotene Stadt 90
- Thien-Mu-Pagode 93
- Tu-Duc-Grab 94
- Zitadelle und Königsstadt 90

Hüte 51

Impfungen 151
Indochinakrieg 57
Informationen 152
Internet 152

Kaffee 50
Kambodscha 138, 140, 142, 144
Keramik 51
Khai Dinh 95
Khmer 40
Kim Bong 101
Klima 24
Knigge 152
Kochschulen 121
Kommunistische Partei 34
Konfuzianismus 41
Konsulate 150
Kreditkarten 151
Kriminalität 152
Kultur 44
Kunst 44, 52
Kunsthandwerk 44, 51

Lackarbeiten 51
Landesvorwahl 34
Lang Co 96
Laotse 41
Le Loi 36
Literatur 45
Long Hai 124
Ly Thai To 36, 60
Ly Thai Tong 68
Ly Thanh Tong 66

Mai Chau 82
Marguerite Duras 153
Marmorberge 98
Mekong-Delta 23, 38, 134
- schwimmende Märkte 141

Mietwagen 28
Minh Mang 94
Mode 52
Mondkalender 46
Monsun 24
Moped 29
Moped-Taxi 28
Mui Ne 125
Muong 40, 82
Musik 45
My Lai 105
My Son 104
My Tho 137

Nationalparks 38
- Phong-Nha-Ke-Bang 85

Natur 38
Neujahrsfest 46
Ngo Dinh Diem 37
Ngo DInh Diem 94
Ngo Quyen 73
Nguyen Anh 36
Nguyen Du 46
Nguyen-Dynastie 36, 90, 94
Nguyen Trung Truc 142
Nha Trang 126
Ninh Binh 78
Non Nuoc 99
Nudeln 48
Nui Ma Yen 80
Nui Sam 142

Öffnungszeiten 152

Pagode s. Chua
Palmen 38
Paradiessee 133
Phan Rang-Thap Cham 126
Phan Thiet 125
Phat Diem 80
Phong Dien 142
Phong-Nha-Ke-Bang-Nationalpark 85, 87
Phönixinsel 139
Phung Hiep 142
Phung Hung 73
Phu Quoc 38, 144
Politik 34
Post 152
Prenn-Wasserfälle 133

Quang Ngai 105
Qui Nhon 105

Rach Gia 142
Reis 48
Reiseapotheke 151
Reisezeit 24
Reisschnaps 50
Religion 41
Robin Hill 133
Rote Khmer 143

Saigon 111
Sa Pa 82, 83
Schildkröteninsel 139
Schrift 35
Seide 53
Seufzersee 133
Shopping 50
Sicherheit 152
Son My 105
Sport 29
Sprache 35, 40
St. Patrick's Day/ Festival 16

Tal der Liebe 133
Tam Coc 79, 80
Tauchen 104, 144
Taxi 28
Tay 40, 82
Tay Ninh 124
Tay-Son-Aufstand 36
Telefon 152
Tet 46
Thai 40, 82
Theater 45
Thich Quang Duc 94
Tourismus 35
Trang An 79, 80
Tra On 142
Trinkgeld 153
Trinkwasser 151
Trockene Ha-Long-Bucht 79
Tuan Chau 76
Tu Dao Hanh 74
Tu Duc 95

Unterkunft 30
USA **37**, 60, 77, 94, 97, 103, 104, 114, 123

Van Long 80
Viet 39
Viet Minh 59
Vietnamkrieg **37**, 99, 123
Vinh Long 139
Volksgruppen 39, 69, 82
Vung Tau 124

Währung 151
Wandern 29
Wasserpuppentheater 45, 71
Wassersport 30
Wellness 30
Wirtschaft 34
Wolkenpass 97

Yersin, Alexandre 127

Zeit 153
Zeitungen 153
Zeitzone 34
Zoll 153

BILDNACHWEIS

Coverfoto Mù Cang Chải, Provinz Yên Bá, Vietnam © AWL Images/Mannakee, Tim
Fotos Umschlagrückseite Shutterstock/Eric Valenne geostory (links); laif/hemis/Giuziou, Franck (Mitte); Shutterstock/Carnevalino, Sirio (rechts)

Adobe Stock/Belaya, Liliya: 27; Adobe Stock/kgdad: 143; Alamy/Hoang Tran: 20/21; Alamy/Tessi, Alfredo: 119; Alamy/whanset, chanwit: 54/55; AWL Images/Adams, Peter: 6/7; AWL Images/Colombo, Matteo: 84; dpa Picture-Alliance/BSIP: 37; Fotolia/degist: 79; Fotolia/dinosmichail: 104; Fotolia/Eckgold, Frank: 70; Fotolia/shapkina, olga: 62; Getty Images/Blomqvist, Anders: 13; Getty Images/Cui-Paoluzzo, Feifei: 53; Getty Images/David Wall Photo: 28; Getty Images/Hoang Dinh Nam: 26; Getty Images/Phung Huynh Vu Qui: 47; Huber Images/Draper, Tim: 44; Huber Images/Vaccarella, Luigi: 23, 56, 94; iStockphoto/tbadford: 25; Jahreszeiten Verlag/Buroh, Nikolai: 107; Jahreszeiten Verlag/Lengler, Gregor: 10, 39, 42, 108, 137; laif/Berg, Christian: 14; laif/hemis/Giuziou, Franck: 106; Lookphotos/age fotostock: 125; Mauritius images/age fotostock/Woodley, Andrew: 51;Mauritius Images/Alamy/Tphoto: 146; Mauritius images/Longhurst, Melvyn: 98; Mauritius Images/Vidler, Steve: 15; Petrich, Martin H.: 8; Randebrock, Silwen: 12, 16, 18, 19, 35, 86; Schapowalow/Vaccarella, Luigi: 66; Seasons Agency/Harding, Robert: 141; Seasons Agency/Jalag/Bielefeld, Marc: 145; Shutterstock/Bures, Stephen: 73; Shutterstock/Carnevalino, Sirio: 97; Shutterstock/Cichawa, Rafal: 81; Shutterstock/Efired: 111; Shutterstock/Eremina, Svetlana: 117; Shutterstock/Eric Valenne geostory: 75; Shutterstock/Katoosha: 129; Shutterstock/Krasnevsky, Arsenie: 49; Shutterstock/S-F: 91, 131; Shutterstock/Tonkinphotography: 138; Shutterstock/Wallenrock: 30; Shutterstock/xuanhuongho: 134; Unsplash/dikaseva: 32/33; Unsplash/Hammer, Peter: 9; Weigt, Mario: 101.

Liebe Leserin, lieber Leser,
wir freuen uns, dass Sie sich für diesen POLYGLOTT on tour entschieden haben.
Unsere Autorinnen und Autoren sind für Sie unterwegs und recherchieren sehr gründlich, damit Sie mit aktuellen und zuverlässigen Informationen auf Reisen gehen können.
Dennoch lassen sich Fehler nie ganz ausschließen. Wir bitten Sie um Verständnis, dass der Verlag dafür keine Haftung übernehmen kann.

Ihre Meinung ist uns wichtig. Bitte schreiben Sie uns:
GRÄFE UND UNZER VERLAG
Postfach 86 03 66, 81630 München, Tel. 0 89 / 419 819 41
www.polyglott.de

LESERSERVICE
polyglott@graefe-und-unzer.de
Tel. 0 800 / 72 37 33 33 (gebührenfrei in D, A, CH), Mo–Do 9–17 Uhr, Fr 9–16 Uhr

1. Auflage 2019

Dieses Buch wurde auf chlorfrei gebleichtem Papier gedruckt.
ISBN 978-3-8464-0416-4

Verlagsredaktion: Anne-Katrin Scheiter
Autor: Martin H. Petrich
Redaktion: Elke Sagenschneider Texte und Projekte, München
Bildredaktion: Dr. Nafsika Mylona
Mini-Dolmetscher: Langenscheidt
Umschlaggestaltung & Layout: Independent Medien Design, München Horst Moser (Artdirection), Lucie Heselich
Karten und Pläne: Theiss Heidolph und Kunth Verlag GmbH & Co. KG
Satz: uteweber grafikdesign
Herstellung: Anna Bäumner
Druck und Bindung: Printer Trento, Italien

PEFC
PEFC/18-31-506

GRÄFE UND UNZER

Ein Unternehmen der
GANSKE VERLAGSGRUPPE

MINI-DOLMETSCHER VIETNAMESISCH

ALLGEMEINES

Guten Tag / Hallo	Xin chàu [ßin tschau]
Wie geht's?	Anh (m.) / chị (w.) có khỏe không? [an / tschi goh choä chongm]
Danke, gut.	Khỏe, cảm ơn. [choä, kam əhn]
Ich heiße ...	Tôi tên là ... [doi den la ...]
Auf Wiedersehen.	Tạm biêt. [dam biet]
Morgen	buổi sáng [buoi schang]
Mittag	buổi trưa [buoi tschua]
Nachmittag	buổi chiều [buoi tschju]
Abend	buổi tối [buoi doi]
Nacht	đêm [dem]
morgen	ngày-mai [ngai mai]
heute	hôm-nay [hom nai]
gestern	hôm-qua [hom kwa]
Sprechen Sie ...	Anh (m.) / chị (w.) có nói ... không? [an / tschi goh noi ... chongm]
Deutsch	tiếng Đức [tiäng dəg]
Englisch	tiếng Anh [tiäng an]
Wie bitte?	Xin lỗi? [ßin lo·oi]
Ich verstehe nicht.	Tôi không hiểu. [doi chongm hiuh]
Sagen Sie es bitte nochmals!	Xin nhắc lai [ßin njak lei]
..., bitte	...xin / mời [ßin / məi]
Danke	cảm ơn [kam əhn]
Keine Ursache.	Không dám. [chongm sam]
was / wer	gì / ai [ji / ei]
welcher	nào [nao]
wo / wohin	ở đâu / đi đâu [əhdəu / didəu]
wie / wie viel	làm sao / bao-nhiêu [lam sao / bao njuh]
wann / wie lange	bao giờ / bao lâu [bao səh / bao ləu]
warum?	tại-sao? [dai sao]
Wie heißt das?	Cái này tên là gì [kai nai den la si]
Wo ist ...?	... ở đâu? [əhdəu]
Können Sie mir helfen?	Xin giúp tôi ? [ßin sub doi]
ja	vâng [wang]
nein	không [chongm]
Entschuldigen Sie.	Xin lỗi. [ßin lo·oi]
Das macht nichts.	Không có chi / gì [chongm goh tschi / ji]

SHOPPING

Wo gibt es...?	... ở đâu có? [əh dəu goh]
Wie viel kostet das?	Cái nầy giá bao-nhiêu? [gei nai sa bau nju]
Das ist zu teuer!	Đắt quá! [dət kwa]
Das gefällt mir (nicht)	Tôi (không) thích cái ấy [doi (chongm) tig gei ei]
Ich nehme es!	Tôi lấy cái này! [doi lei gai nai]
Wo ist eine Bank?	Ngân-hàng ở-đâu? [Ngan hang əhdəu]
Geben Sie mir zwei Kilo Orangen	Cho tôi một hai ki-lo-gam cam [tscho doi mot hai kilogam gam]
Haben Sie deutsche Zeitungen?	Ông (m.) có báo bằng tiếng Đức không? [Ongm goh bao bang tiäng dəg chongm]

ESSEN UND TRINKEN

Die Speisekarte, bitte!	Xin cho tôi xem thực-đơn! [ßin tscho toi ßem thəg dən]
Brot	bánh mì [ban mi]
Kaffee	cà-phê [gafeh]
Tee	nước-trà *(Süden);* nước-chè *(Norden)* [nuək-tscha / nuək tschä]
mit Milch / Zucker / Eis	sữa / đường / đá [schu·a / duəng / da]
Orangensaft	nước cam [nuək gam]
Suppe	canh / xúp [ganh / ßup]
Fisch / Meeresfrüchte	cá / đồ biên [ga / do bien]
Fleisch/ Geflügel	thịt / gà vịt [thit / ga wit]
Beilage	món ăn kèm [mon ən kem]
vegetarische Gerichte	cơm chay [gəm tschai]
Eier	trứng [tschungm]
Salat	xà-lách [ßalag]
Dessert	đô-tráng-miệng [do tschang mieng]
Obst	trái cây *(Süden);* hoa quả *(Norden)* [tschai gai / hoa kwa]
Speiseeis	kem [gehm]
Wein	rượu / rượu vang [ruəu / ruəu wang]
Bier	bia [bia]
Wasser	nước [nuək]
Mineralwasser	nước suối / nước khoáng [nuək suoi / nuək choangm]
Ich möchte bezahlen.	Tính tiền [din tien]

MEINE ENTDECKUNGEN

Teilen Sie Ihre Entdeckungen auf facebook.com/Polyglottreisewelt.

CHECKLISTE VIETNAM

Nur da gewesen oder schon entdeckt?

- [ ] **SCHÖN GERADELT?**
Fantasielandschaft, Wasserbüffel und freundliche Menschen – eine Radtour durch die Trockene Ha-Long-Bucht mit ihren Karstbergen zählt zu den Highlights. › S. 12

- [ ] **GUT GESCHNUPPERT?**
In Ho-Chi-Minh-Stadts Chinesenviertel bietet der Binh-Tay-Markt ein Fest für die Sinne. Auch optisch macht das Gebäude nach seinem Lifting wieder was her. › S. 12

- [ ] **HAT'S GEWACKELT?**
Die runden Korbboote gehören zur Küste von Zentral-Vietnam wie das Meer. Bei einer Bootspartie mit den schwimmenden Eierschalen können Sie Ihr Gleichgewicht testen. › S. 13

- [ ] **GUT GEWOHNT?**
Rund um den Bergort Sa Pa können Sie nicht nur schön wandern, sondern auch in den Dörfern der Minderheiten übernachten. So lernen Sie das Leben der Einheimischen besser kennen. › S. 12

- [ ] **AUF DEN GESCHMACK GEKOMMEN?**
Die Göttin lässt es sich gut gehen. Vor ihrem Altar am Nui-Sam-Berg türmen sich die Obstkörbe und Spanferkel. › S. 15

- [ ] **SCHÖN MITGEGRINST?**
In der buddhistischen Tay-Phuong-Pagode biegen sich die Altäre unter den vielen Göttern und Buddhas. Einige von ihnen sind Meister im Grimassenschneiden. › S. 19

- [ ] **GLÜCKLICH GEWICKELT?**
Aus Vietnams Küche sind die vielen Frühlingsrollen nicht wegzudenken. Damit Sie auch wissen, was drin ist, wickeln Sie sie am besten selber. Wo Sie das können, erfahren Sie auf › S. 13

MITBRINGSEL

- **Tierisch gut:** Der Kaffee mit der ganz besonderen Note › S. 14
- **Gegen Kopfweh:** Die handlichen Döschen mit Tiger Balm passen in jede Tasche › S. 16